LA QUESTION

DE MADAGASCAR

APRÈS LA QUESTION D'ORIENT

TYPOGRAPHIE DE CH. LAHURE
Imprimeur du Sénat et de la Cour de Cassation
rue de Vaugirard, 9

CANAL DE MOZAMBIQUE

MER DES INDES

Mayotte

Nossi Bé
Passandava

Nossicollam

Isle Diego Souarez
Fort Lougrez

Soundara

Narchenda

Mazamba

Bombetok

C. S. André

PEUPLADES SAKALAVAS

ANTANKARAS

Baie d'Antongil

St Marie

Hanambaro

Dondey

Tananarivou

HOUVAS

ANTANKES

ANTSIHANAS

ANTSIKES

Isle Lurree

BEKAOSTON

BESIMS

ANOSSY

DE L'EMENES

B. de la Mangoreur

Ambositres

ANTANOUROS

PUKLES

Ambodons

DE L'ANÉMENES

ANTAÏSIMOUS

Mananourante

Madagascar

Baie de St Augustin

Casconum

Onglue

Tropique du Capricorne

MACHICORS

Himbert

ANTANOUROUS

Fort Dauphin

St Marie

A.C.

10 — 10

20 — 20

40   30

Gravé par Requier et Dourdet, 8 Pass. St Marie.

Lith. de Gratia.

MADAGASCAR

AMYOT, Editeur, 8 Rue de la Paix.

LA QUESTION

DE

MADAGASCAR

APRÈS

LA QUESTION D'ORIENT

PAR LE COMTE

DE GAALON DE BARZAY

Madagascar sera la France orientale....
Louis XIV (1669).
Quel admirable pays que Madagascar !...
Commerson à Lalande (1671).

PARIS

AMYOT, ÉDITEUR, 8, RUE DE LA PAIX

LIBRAIRIE HISTORIQUE, DIPLOMATIQUE ET POLITIQUE

—

M DCCC LVI

A MONSIEUR

LE COMTE DE GAALON DE VILLENEUVE

AU CHATEAU DE VILLENEUVE (COURÇON) EN AUNIS.

A vous dont la vie noble et dévouée au pays, mais fidèle à une grande infortune, s'est écoulée sans bruit, — cachant le bien de chaque jour ainsi que d'autres cèlent avec précaution même leurs pensées mauvaises, — à vous, cher et honoré parent, comme un respectueux hommage, nous adressons cette œuvre. Meilleure par le bien que nous avons entendu faire plutôt que par notre art de bien dire, c'est une première et rapide étude sur un vaste sujet dont notre esprit fut aussitôt frappé lorsque, à vingt-trois ans, nous vîmes la mer des Indes et ses routes fortunées.

Notre intention, vous le pensez, n'a pas été d'indiquer au Gouvernement la marche qu'il avait à suivre dans la conjoncture où l'a placé le recent et nouvel attentat des Hovas. Nous avons seulement voulu fournir des éléments à l'esprit

Considérations générales sur la colonisation.

I

A l'aurore de la paix, que le monde s'applaudit de voir succéder aux luttes gigantesques de la seconde moitié du siècle, l'esprit des hommes préoccupés de la destinée des sociétés interroge à la fois les temps passés et l'avenir. Dans le passé, les enseignements cherchés au milieu des faits dégagés alors des voiles qui rendaient leur marche obscure ou lente, les notions les plus vraies recueillies avec un soin jaloux, tout concourt à éclairer les voies de l'humanité, qui, pour s'attarder parfois en de longues étapes, ne saurait s'arrêter dans cette voie indéfinie du progrès, tracée par Dieu lui-même, enseignée par la religion, et que tout pouvoir éclairé doit s'étudier à poursuivre.

Cette marche ascendante, bien plus précieuse

encore que les lauriers conquis par nos jeunes
armées, héroïques rivales des phalanges glorieuses
qui triomphèrent à Bouvines ou à Austerlitz, à
Fontenoy ou à l'Alma, c'est l'avenir, et l'avenir,
dirigé par l'étude et la connaissance du passé,
forme vraiment le progrès.

Dans le sein de notre société, bien des hommes
distingués à des titres divers, plus aptes et plus
habiles que nous, pourront indiquer du moins—
car un siècle parfois ne suffit pas à les résoudre
—les questions les plus intéressantes pour le progrès intérieur de la nation.

II

Pour nous, que notre existence a entraîné,
jeune encore, bien loin de cette France si belle
et si noble et bientôt si prospère, nous avons été
frappé par les résultats de la civilisation qui,
partie depuis quatre cents ans à peine des plages
européennes, s'est reposée sur tant de rives
encore inconnues à la plupart, et, par une prodigieuse puissance, a fait croître, grandir et

prospérer, à l'égal des anciennes sociétés conti-
nentales, les jeunes populations se dressant sous
ses pas.

En frappant nos yeux, tant de forces à la fois
agricoles, industrielles, maritimes et commerciales, créées et portées si haut en aussi peu de
temps, ont rempli notre esprit d'une admiration
qui s'est raisonnée par l'étude des faits civilisateurs survenus sous les climats divers des deux
hémisphères. Et, nous sommes heureux de le
dire, notre cœur aussi s'est empli d'un juste orgueil en reconnaissant les grandeurs que la
France s'était préparées et qui, pour avoir été
perdues pour elle aux mauvais jours de ses
guerres maritimes, n'en restent pas moins la
preuve de l'élévation de son génie et des destinées que Dieu, après l'avoir éprouvée, réserve
encore à son avenir.

III

Notre intention n'est pas de revenir ici sur
l'histoire des temps funestes où nos pères virent

s'écrouler cette admirable et vaste domination qui s'étendait sur *presque toute* l'Amérique du Nord, depuis le golfe de Saint-Laurent et la baie d'Hudson, jusqu'au golfe du Mexique ; sur la *totalité* de Terre-Neuve et de ses îles, riche ceinture commerciale ; sur la *totalité* des terrains compris entre l'Orénoque et l'Amazone, dans l'Amérique méridionale ; sur les Malouines et les principales d'entre les Antilles ; sur les îles et les côtes de l'Afrique occidentale, depuis le cap Vert usqu'au cap des Tempêtes.

Mais de tant de richesses acquises par une politique clairvoyante et ferme dans ses conceptions autant qu'habile et grandiose par ses résultats, de tant de trésors promis à notre activité et à notre intelligence, au développement suprême et continuel de notre grandeur maritime et de notre fortune commerciale, de tant de richesses et de grandeurs colonisatrices, hélas ! que nous reste-t-il ?... Et pourtant, de nos jours, le département de la marine et surtout la direction des colonies, avec une intelligence et un dévouement supérieurs que les circonstances n'ont pas toujours secondés, ont fait de notables efforts pour améliorer cette situation. Nous ne dirons pas, non plus, où furent les fautes et pourquoi furent les

revers, le cadre que nous nous sommes tracé ici
ne nous permet pas d'entrer dans ces considérations. Et puis, si au milieu des luttes acharnées
que lui suscitèrent les rivalités habiles et redoutables des derniers siècles, la France a vu ces immenses conquêtes de la plus intelligente colonisation s'évanouir comme des songes brillants et
perdus; si, prête à atteindre le faîte, la main des
héritiers de la politique des Richelieu, des Colbert et des Choiseul est venue à faiblir; enfin,
après avoir passé par la brûlante épopée militaire
de l'Empire et avoir vu les promesses et les projets de la Restauration échouer au seuil de dix-
huit années bruyantes et stériles, si la France,
brusquement éveillée, hésitait hier encore sur le
bord des abîmes, relevée aujourd'hui dans sa
force et dans sa majesté, comme le lion superbe,
elle reçoit maintenant, spectacle admirable, les
nations charmées s'inclinant devant sa modération, son pouvoir et sa volonté.

IV

Aussi, nous l'espérons, ce pouvoir et cette volonté, qui, dégagés du fardeau d'une guerre européenne, vont se consacrer aux bienfaits de la
paix, ne feront pas défaut à l'œuvre de colonisation sans laquelle ces bienfaits ne sauraient être
complets, et nous dirons bien plus, ne sauraient être
durables. N'est-ce pas, en effet, une loi providentielle que celle qui pousse l'humanité à se porter
avec la civilisation sur les divers points du globe
où leurs intérêts guident les différentes nations?
Nos luttes, nos dissensions, nos misères sociales
même ont contribué pour une large part à ouvrir
ce courant de migration aux populations avides
ou de bien-être ou d'un changement d'existence.
Mais ne vaut-il pas mieux qu'en aidant à cette
loi physiologique aussi bien que providentielle,
l'homme d'État, travaillant d'une main ferme aux
prospérités de l'intérieur, trace un vaste champ à
la colonisation, dont les effets s'associeront à ses
efforts en les garantissant par une réciprocité

que nous enseigne la plus simple économie politique? Enfin, lorsque sont à jamais passés, nous l'espérons du moins, les temps de luttes entre les empires, douloureuses luttes qui sont, avec le commerce maritime et la colonisation, l'un des moyens employés par les peuples pour grandir leurs nationalités, que reste-t-il à faire, si ce n'est à montrer la route à ces forces vives, qui s'égarent trop souvent dans des voies hostiles au repos des sociétés? La France n'est-elle pas en effet, si l'on peut s'exprimer ainsi, le thermomètre du monde?

V

De grands pas ont été faits déjà; le jour n'est pas éloigné où notre pays verra son sein complétement purgé de ces hommes pervers que Franklin nommait « les serpents à sonnettes de la France. » La Guyane reçoit maintenant et applique au travail réparateur les bras que les bagnes ne rendaient qu'à l'émeute ou à de nouveaux crimes, et, sous d'autres cieux, peut-être deviendront-ils aussi d'autres hommes, ceux qui se voyaient repoussés par nos vieilles sociétés.

Déjà l'Algérie, dégagée enfin des obstacles et des difficultés vaincus, promet à la France de lui payer au centuple le prix de tant d'efforts admirables, et de lui former un magnifique royaume pour aider à l'oubli du sang de tant de braves.

Mais ce mouvement colonisateur n'est pas, au point de vue maritime, aussi complet qu'il le faut à la France : nous le montrerons bientôt ; et pendant que les vieilles sociétés agitent, sans la résoudre encore autrement que par des palliatifs, l'effrayante question du prolétariat, de la misère enfin des classes laborieuses, les États-Unis prospèrent, en profitant des malheurs de l'Europe.

VI

Il n'y a pas encore longtemps qu'ont passé les hommes qui ont vu le berceau de la jeune et libre Amérique dont les étoiles, pareilles à cette heure à un brillant soleil, projettent leurs rayons sur le monde entier. Fils de la colonisation, ces

hommes intelligents et hardis qui se sont placés
à la tête du progrès sous presque toutes les
formes, ont demandé à la colonisation les déve-
loppements nécessaires à leur nationalité ; ils ont
appelé et encouragé les plus laborieux, les plus
infatigables d'entre les travailleurs déshérités de
l'antique Europe ; et d'immenses contrées où vé-
gétaient des bois contemporains des premiers
âges se sont couvertes de fermes et de savantes
cultures, de villes, de palais, de métiers et de
manufactures où la colonne de feu de l'industrie
sollicite sans cesse le labeur et les richesses, en
appelant les travailleurs nouveaux, comme la colonne de lumière guida jadis le peuple de Dieu.

Nous ignorons quel sera le juste avenir de ce
peuple neuf ; nous savons que, malgré ses prospérités croissantes, il existe au sein de son méca-
nisme gouvernemental une radicale imperfection
qui n'est pas sans dangers ; mais ce que nous
savons aussi, c'est qu'il ne peut manquer à ses
destinées, résumées dans un seul mot, victorieux
mot d'ordre : *Forward* (en avant).

VII

Devons-nous rappeler ici les commencements de l'Angleterre, cette fille aînée de la colonisation, ses efforts, ses ambitions, sa politique et ses luttes persévérantes pour arriver à former à la voix et sous les pas de l'inspiration colonisatrice, le plus vaste empire territorial, maritime et commercial? Mais nous ne nous adressons qu'à ceux pour lesquels sont familières les pages des temps passés et modernes, et ce que nous pourrions dire, leurs intelligences le savent ou l'ont déjà pensé. Alliés aujourd'hui, unis à nous sur de nouveaux champs de bataille par la gloire et les périls communs, occupés d'ailleurs par les besoins de la politique et l'achèvement de leur mission dans l'Inde, où le royaume d'Aodh, récemment annexé par lord Dalhousie, vient d'augmenter encore les possessions britanniques, les Anglais, excluant leur ancien système, ne voudraient et ne pourraient s'opposer aux tentatives de colonisation civilisatrice inspirées maintenant par les travaux de la

paix, et fondées sur des droits négligés trop longtemps, ou sur le droit des gens, trop impunément
violé.

VIII

Aussi bien, comme vous, lecteur, nous avons
hâte d'arriver au sujet que nous voulons surtout
traiter, et, nous l'espérons, l'esprit public encore
ému, après tant de fois déjà, s'est reporté avec le
nôtre sur la grande question de Madagascar [1].

1. On lit dans le *Dictionnaire universel de Géographie mo-
derne* de Perrot et Aragon, 1836 :

« Madagascar, grande île de la mer des Indes, située au
S. E. de l'Afrique, dont le canal de Mozambique la sépare,
entre 12° et 25° 45″ de lat. S., et entre 41° 20′ et 48° 51′ de
longit. E.; elle a 25 000 lieues carrées de superficie. La côte
orientale, très-peu échancrée, n'offre d'autre accident que la
baie Antongil; la côte occidentale offre celles de Bombetoc
et de Narreinda; les deux extrémités de l'île sont marquées
par le cap d'Ambre au nord, et le cap Sainte-Marie au sud.
Une longue chaîne de montagnes, dont les sommets s'élèvent
jusqu'à 18 et 1900 toises, la traverse dans toute sa longueur,
et donne naissance à de nombreuses rivières qui coulent, les
unes dans l'océan Indien, les autres dans le canal de Mozambique. Les plus considérables sont : sur le versant oriental,
Tantasmane, le Mananzari, le Mananghare et le Mandrère;

et sur le versant occidental, la Mausiatre et le Darmouth. Parmi les lacs nombreux formés par ces rivières, on remarque celui de Manangouré. Climat à la fois chaud et tempéré; sol pittoresque et fertile; belles vallées; végétation riche et brillante; côtes marécageuses et malsaines. Les productions sont : le riz, le maïs, le coton, l'indigo, ignames, poivre, gingembre, cannelle, safran des Indes, tabac, lin, chanvre, canne à sucre, vignes, etc. Les vastes forêts sont riches en arbres de diverses espèces, surtout en palmiers, bananiers, sagoutiers, arbres résineux et gommeux, bois précieux pour l'ébénisterie, et une foule d'arbres rares qui n'appartiennent qu'à ce climat. Parmi les animaux extraordinaires, on remarque : l'antamba, espèce de léopard, le zebou ou bœuf à bosse, l'âne sauvage à longues oreilles, et le farassa, qui tient du chacal; les chèvres et les moutons, très-nombreux, paissent dans les savanes; les poules, pintades, faisans, perroquets et volatiles de basse-cour et de toute autre espèce, abondent également, ainsi que les vers à soie et les abeilles. Les richesses minérales que recèlent les montagnes sont : le fer, cuivre, étain, plomb, mercure, cristal de roche, sel gemme, salpêtre, pierres fines, etc. Des nuances différentes marquent le caractère des diverses peuplades qui habitent cette île : celles de la côte orientale sont généralement hospitalières, industrieuses et communicatives; celles de la côte occidentale sont paresseuses, farouches et même cruelles, et aussi portées à repousser les étrangers que les autres à les accueillir. Les possessions françaises de Madagascar sont : le fort Dauphin, les ports Mananzari et Matatane, et l'île Sainte-Marie. La colonie française exporte à l'île Bourbon du riz, des bestiaux et des viandes salées. »

CHAPITRE II

Nouveaux crimes des Hovas. — Expédition contre eux,
et colonisation définitive de Madagascar.

I

Encouragés par l'impunité, les Hovas viennent encore de faire couler le sang français sur
les plages de cette île immense et si belle dont
Louis XIV voulait faire « la France orientale, » et
sur laquelle, pour avoir été négligés, nos droits
solennellement reconnus ne sauraient être con-
testés. Un ancien consul de France, un homme
honorable, utile et dévoué aux siens et à son pays,
s'était fixé (par suite d'arrangements récents et
privés avec les autorités hovas), sur un point favorable à un établissement qui, malgré l'abstention
de la France, avait l'avantage de faire comme
autrefois flotter son pavillon sur ces rives lointaines. Lorsqu'il pouvait espérer que le succès
couronnerait ses efforts et ceux des gens qui l'a-
vaient accompagné, lorsque son établissement

allait produire les résultats promis à son intelligence et à ses travaux, un jour, tout récemment, et son sang crie encore vengeance sur le sol ravagé, au mépris des traités, plusieurs milliers d'hommes armés aux ordres de Ranavalona, reine des Hovas, et dominant sur la majeure partie de l'île remplie de ses méfaits, entourèrent l'établissement et assiégèrent, avides de sang et de butin, le petit groupe de Français qui, après une défense héroïque et désespérée, tombèrent sous leurs coups. M. d'Arvoy, notre ancien consul à l'île Maurice, d'où il était parti pour former cet établissement[1], fut massacré ainsi que plusieurs autres, et ceux qui échappèrent furent emmenés en captivité dans la capitale de ce barbare empire, afin de montrer une fois de plus aux farouches Hovas les étrangers vaincus et vivants, comme on leur a montré pendant longues années, hélas! alignés sur la plage et dressés sur des pieux, les crânes dépouillés et blanchis par le temps des malheureuses victimes d'antérieures et insuffisantes expéditions. Et, scandale à jamais regrettable! le commerce étranger, pour conserver le

---

1. De concert avec une maison de commerce française de cette île.

peu de communications qui lui étaient permises[1], était obligé de courber la tête devant cette sacrilége exhibition. Si quelque pieuse main ne les a pas recueillis depuis la convention que le commerce de l'île Maurice a consenti dernièrement à conclure avec la reine Ranavalona, en lui fournissant une rançon, les ossements non vengés des soldats et des marins de la France errent encore sans sépulture, mêlés aux galets de la grève.

Ah! c'est assez de la temporisation conseillée par d'aucuns à une certaine époque; il est temps de châtier des brigands qui, fiers de leur impunité, viennent, au mépris de tous les droits, et s'y reprenant sans cesse, aiguiser leurs sagaies dans le sang de nos infortunés compatriotes. Ils ont assez outragé notre nom, nos droits *ab antiquo*, nos possessions diverses; ils ont assez outragé la civilisation elle-même par leurs cruautés sans nombre sur les autres peuplades qui nous appellent comme des libérateurs, sans désespérer

---

1. Les navires français et anglais vont chercher à Madagascar des bœufs et du riz pour l'approvisionnement des îles Bourbon et Maurice, et de nombreux bâtiments américains s'y rendent pour faire la pêche au cachalot et préparer des salaisons. Ce n'est qu'une faible partie des ressources offertes par l'île.

de nos revers. Ces barbares ont assez fatigué le
ciel par le spectacle de leur paganisme grossier,
rendu plus hideux encore par ce qu'ils ont pris au
contact d'Européens avides. Il ne faut plus que,
servis par leur éloignement et par un fatal concours de circonstances qui toujours fit avorter les
expéditions sérieuses et entreprendre celles dont
l'insuffisance nous fit repousser; il ne faut plus
que, s'enorgueillissant de trop faciles triomphes,
ils se disent toujours invincibles ; voici venus
enfin les temps du châtiment, les temps de la justice, et la France ne reposera pas entièrement son
glaive avant d'avoir, par ce châtiment et le rétablissement de ses droits, accompli la justice de
Dieu.

II

Le gouvernement de la Restauration, qui
nous léguait, il ne faut pas l'oublier, quelques
jours avant sa chute, l'admirable et périlleuse
conquête de l'Algérie, vengeait de la sorte une
seule irrévérence commise envers notre ambassa-
deur, et, jaloux du maintien de nos droits et de

notre honneur sur tous les rivages, il se disposait également à châtier les Hovas et à réintégrer la France dans ses possessions de Madagascar, lorsque survint la révolution de juillet.

Mais le gouvernement de l'Empereur doit-il se contenter aujourd'hui de châtier ces barbares? Doit-on se borner à reprendre simplement possession des points occupés jadis (et les moins bien choisis, il faut le dire), sur ces bords magnifiques, puis de là rayonner lentement et pacifiquement vers le centre? Ne faut-il pas plutôt expulser les Hovas, race perfide et cruelle, lâche et sanguinaire, abusant toujours de la supériorité que son origine étrangère et ses vices lui ont malheureusement donnée sur les autres peuplades, pour la plupart simples et bonnes, et prêtes, nous le répétons, à hâter le règne de la France? Ainsi se réaliserait l'un des vœux les plus chers de Louis XIV, et serait définitivement constitué le nouvel et superbe royaume de la France orientale.

En outre, nous n'hésitons pas à le dire, dans l'intérêt même de la sécurité et de la perpétuité de notre rétablissement en cette île merveilleuse, c'est à la conquête qu'il faut demander les éléments civilisateurs et tutélaires indispensables à une pareille distance de la métropole. Cette conquête doit-elle d'ailleurs offrir de bien grandes difficultés? Doit-elle coûter à la France beaucoup de l'or de ses contribuables et du sang de ses soldats? Nous pensons, au contraire, que jamais résultat si grandiose n'aura pu être atteint plus aisément. On ne doit pas, en effet, mesurer les obstacles d'après les faciles triomphes des Hovas, dont nous n'avons pas encore dit toutes les attaques, tous les excès, toutes les violations. Nous les énumérerons plus loin en traçant rapidement, mais exactement, l'historique de Madagascar.

III

Si le succès désiré n'a pas été obtenu lors de la dernière entreprise, tentée de concert, en 1845, par les honorables commandants de la station de Bourbon, à bord du *Berceau* et de la corvette anglaise *Conway*, MM. Romain Desfossés et Kelly, pour venger les spoliations et les violations flagrantes commises en juin sur les Français et les Anglais commerçant à la côte orientale ; si les Hovas n'ont pas été châtiés alors comme le voulaient ces deux généreux officiers supérieurs (dont Ranavalona eut l'impudence de mettre la tête à prix), c'est à l'insuffisance de leurs moyens d'action qu'il faut seulement l'attribuer. Et c'est ici le lieu de rappeler la panique dont furent saisis les Hovas au début de l'expédition de M. le capitaine de vaisseau Gourbeyre (si l'on peut donner ce nom à l'envoi intempestif d'environ 500 hommes de débarquement). Cette panique fut si vive, que les chefs hovas, fuyant avec leurs troupes dans des pirogues où les pagayes s'étaient perdues au milieu du désordre, ne cessaient de crier *de ramer avec les mains* à leurs hommes étourdis et confondus. Qu'auraient pu faire alors une manière d'armée sans solde et sans subsistances[1] contre des forces respectables, pourvues et aguerries? On eut à se repentir ensuite d'avoir repoussé les propositions que la peur dictait alors au gouvernement hova, car la fin fut triste et eut pour résultat l'abandon de Tintingue le 3 juillet 1831.

---

1. Le soldat hova se nourrit en pillant ou en faisant un petit commerce, selon la circonstance.

IV

D'après ce que nous venons de dire, on voit qu'il n'est pas question de préparer une formidable expédition, quoiqu'il s'agisse d'un pays à peu de chose près aussi vaste que la France. Les obstacles, en effet, n'y abondent pas comme à Alger, où le débarquement de nos vaillantes troupes fut rempli de dangers, et où les moyens de la défense auraient, en des mains plus nobles, égalé ceux de l'attaque. Quel que soit le point choisi par le chef de l'expédition qui ne manquera pas, nous le pensons, de mettre le cap sur la côte N. N. E. de l'île, il trouvera d'un côté des rades sûres ou des ports admirables dont l'hydrographie[1] a été soigneusement étudiée, et de l'autre des plages sans défense. Puis, si les Hovas tentaient, ce qui n'est pas probable, de s'opposer au débarquement ou seulement de l'inquiéter, l'artillerie des quelques vapeurs, frégates et transports dont l'expédition se composerait en aurait bientôt fait raison. L'en-

---

1. Tant en France qu'en Angleterre.

nemi le plus redoutable n'est pas le peuple hova, dont l'équipement et l'armement sont pour ainsi dire nuls d'ailleurs ; il compte moins sur ses armes que sur les effets d'un mal funeste aux étrangers, mais dont il sera pourtant possible de se défendre. Nous voulons parler de la fièvre engendrée, en différents lieux du littoral, par une sorte de *mal' aria* causée par la stagnation des eaux manquant de pente, à la suite de l'ensablement des embouchures pendant la mauvaise saison, et par l'épaisseur des bois, qui, s'avançant jusqu'auprès de la mer, s'opposent à l'action des grands courants d'air dont l'influence suffirait peut-être seule à détruire le mal. Une série de travaux diligents et bien conduits pourrait, croyons-nous avec divers hommes compétents, faire peu à peu disparaître ces émanations délétères.

Nos anciennes possessions, malheureusement, sont les moins bien situées, tant sous ce rapport que sous plusieurs autres [1]. Quoi qu'il en soit, le

---

1. M. le commandant Guillain a proclamé la vérité sous le rapport de l'insuffisance des abris et de la médiocrité des mouillages. Les rades de fort Dauphin, de Tamatave et de Foulpointe sont peu estimées par lui ; et quant au port de Tintingue, les difficultés de l'entrée et de la sortie en diminuent les avantages. (*Annales maritimes*, 1843-44.)

nord de l'île, que nous indiquions tout à l'heure, n'offrirait aucun de ces inconvénients, l'air y est pur et sain; et la baie de Diego-Suarez (Antombouk), ainsi que le port Louquez, ne laisserait rien à désirer. Mais c'est en même temps le point le plus éloigné des plateaux de l'intérieur qu'il s'agirait d'atteindre pour chasser les Hovas qui y sont établis, et d'où ils étendent leur sauvage domination sur les diverses peuplades, toujours hostiles, quoique abattues maintenant sous le fer et le poison.

Néanmoins, un débarquement en cet endroit, tout en étant le mode le moins prompt, quoiqu'il soit permis de penser qu'il accélérerait les résultats en les favorisant, serait aussi le plus sûr pour réaliser aussitôt l'occupation militaire et la mission civilisatrice qui doit en ressortir. Il serait facile, en effet, de créer promptement, au moyen des forces de l'expédition, un grand établissement qui trouverait de nombreuses ressources dans le fertile pays adjacent à Diego-Suarez, et deviendrait un séjour d'acclimatement et une sorte de dépôt. On le garantirait par une ligne de fortifications, légères d'ailleurs, établie aussi avant dans le sud qu'on pourrait la porter de prime abord, comme le font les Anglais à l'intérieur du cap de Bonne-Espérance pour repousser les Cafres. Et en la portant d'une côte à l'autre, de la baie de Vohemare à l'est, par exemple, à celle de Passandava dans l'ouest, on se renfermerait entièrement dans cette portion de l'île la plus allongée dans la mer, par laquelle on serait protégé au nord, à l'est et à l'ouest. De là on s'avancerait rapidement ou peu à peu dans l'intérieur, suivant l'occurrence, en contractant des alliances avec les diverses peuplades appelées à secouer le joug odieux de leurs oppresseurs, en nous aidant contre eux. Car s'ils ne doivent pas être redoutables à un débarquement en force, les Hovas résisteront à l'intérieur au moins pendant quelque temps et par tous les moyens. Au nombre de ces moyens, il faut peut-être mettre d'abord, car nous voulons tout dire, l'empoisonnement des sources et rivières qui dépendraient d'eux, et dont il faudra toujours s'assurer. Quand nous parlons d'empoisonnement de rivières comme d'une simple chose, il ne faut pas trop s'étonner. Dans ces riches climats, le poison acquiert la même force que les plantes salutaires qui donnent plusieurs récoltes annuelles, et il suffira aux Hovas de traîner un certain arbre d'une charmante apparence et d'en faire baigner le sombre feuillage pour avoir atteint leur but.

Toutefois, il sera possible encore de se garantir avec des précautions suffisantes, et nous pensons qu'on devrait, en campagne, faire toujours essayer les eaux par un corps de prisonniers emmenés *ad hoc*.

Dans tous les cas, l'étendue de cette portion de territoire ainsi gardé se prêterait, d'ailleurs, à une assez vaste entreprise de colonisation, qui n'aurait pas à attendre les résultats de la conquête pour se manifester et prospérer. Grâce aux nombreuses ressources du sol et du climat, à la présence des travailleurs indigènes, qu'il sera facile de diriger [1], ainsi qu'aux magnifiques ports que la nature s'est plu à creuser sur les côtés de cet important triangle dont le cap d'Ambre est le sommet; grâce, devons-nous penser aussi, à l'impulsion qui lui serait donnée, le succès du nouvel établissement dépasserait bientôt toutes les espérances.

---

1. A la condition d'être réservé, prudent et équitable.

V

Nous avons dit que nos anciens établissements avaient été effectués sur des points moins bien choisis sous tous les rapports, et notamment sous le rapport sanitaire. Mais les raisons qui les firent préférer étaient fondées sur les nécessités maritimes et politiques du temps. L'ancienne route de l'Inde, encore éloignée de celle qu'on préfère aujourd'hui, d'abord ; l'obligation, plus tard, de s'é-carter le moins possible des îles de France et de Bourbon, situées en regard de la côte orientale, et où grandirent d'importants établissements qu'il fallait diriger et défendre, ne permirent pas de faire de nouvelles explorations. Elle était, en effet, déjà bien remplie, l'existence de ces hommes héroïques et modestes qui, dévoués à la France, passaient leur vie sur ces mers lointaines à glorifier son pavillon[1]. Administrateurs, généraux ou

1. Les noms des Dupleix, des La Bourdonnais, des Suffren, des de La Haye, quoique peu familiers aux masses, doivent, comme ceux des de Guichen, des Lamothe-Piquet, des d'Estaing et des de Grasse, rester impérissables.

marins, suivant les circonstances, ils avaient pour
mission de tenir l'Angleterre en échec dans l'Inde,
et longtemps ils y réussirent par leurs vaillants et
incessants combats à l'époque, où plus qu'un devoir, c'était un honneur de mourir pour la France
et le roi.

C'est sur ces derniers points, tels que Tintingue, Foulpointe ou Tamatave, que furent opérées
les expéditions antérieures. En les prenant pour
base d'opérations nouvelles, on aurait, d'une
part, l'inconvénient des fièvres, même en débar-
quant dans la bonne saison (de juin en octobre),
et, d'autre part, celui plus considérable des marches entreprises immédiatement pour échapper à
l'influence du littoral. Ces marches seraient évi-
demment pénibles et périlleuses dans une contrée
inconnue et manquant de routes [1], défendue par
les Hovas et coupée par deux chaînes de montagnes élevées dont il faudrait dépasser les versants
et les nombreux contre-forts garnis d'embûches,

---

1 L'ancien chemin qu'avait établi Radama, le prédéces-
seur de Ranavalona, et qui conduisait de la côte orientale au
pays hova, a été détruit par les ordres de celle-ci, avec défense, sous peine de mort, de relever les arbres qui l'obstruè-
rent, ou même d'y passer. On veut absolument défendre la
route à la civilisation étrangère.

avant d'arriver dans le pays d'Emirne, siége de la force du peuple hova.

VI

Si, au contraire, on agissait sur un point favorable de la côte occidentale, on serait certainement porté du premier coup près du territoire ennemi, comme l'indique la carte ; mais encore faudrait-il s'attendre à traverser, pour y arriver, un pays ravagé et appauvri par les Hovas. On pourrait, à la vérité, se servir utilement de la population sakalave, qui lutte encore contre eux, si toutefois les fatales manœuvres de certains Français qui, à diverses reprises, ont livré traîtreusement aux Hovas les plus redoutés d'entre les chefs de ces hommes vaillants, pour se ménager les bonnes grâces de leurs ennemis [1], ne nous

1. En 1835, un navire français fut affrété par les Hovas. Ils placèrent à bord des hommes armés qui devaient se rendre à la baie Saint-Augustin, pour y enlever plusieurs chefs sakalaves redoutables par leur opiniâtre défense. Arrivé à destination, le capitaine du bâtiment, qui depuis est mort de cha-

ont pas à jamais aliéné des sympathies naturelles où nous aurions trouvé d'importants auxiliaires.

Dans tous les cas, on serait obligé de tout porter avec soi, et l'on n'aurait pas, comme dans la première alternative, l'avantage d'un établissement fondé dans des conditions de sécurité, de durée et de prospérité.

On aurait agi contre les Hovas, on les aurait même expulsés, croyons-nous; mais, chose essentielle au point de vue de la politique intérieure auprès des autres populations, en se repliant vers la mer au lieu de débarquement, on n'aurait pas substitué d'autorité définitive à la domination hova; à moins que, se décidant à occuper, dès lors, le pays d'Emirne (Imerne), on ne veuille de là se porter jusqu'à la côte méridionale et orientale, où furent nos premiers établissements, puis s'étendre successivement sur les divers points. Ce parti, bien entendu et bien exécuté, serait, sans doute, le plus complet et le plus efficace au point de vue de la prompte destruction du pouvoir hova dans l'île; mais ce n'est probablement pas

---

grin, dit-on, attira les Sakalaves à son bord, où les Hovas, qui étaient restés cachés, s'emparèrent d'eux, à l'exception d'un seul (ils étaient sept). Ces malheureux, conduits dans la capitale, y furent brûlés ou soumis aux plus affreuses tortures.

celui dont l'exécution paraîtra le plus praticable.
Faisons, en outre, remarquer en passant que les
Hovas eux-mêmes n'ont gagné l'intérieur que pour
échapper aux influences malsaines de la côte occidentale, par laquelle ils semblent s'être intro-
duits dans l'île à une époque assez reculée.

VII

Quelle que soit néanmoins la détermination à
intervenir, on peut être certain du succès en
agissant avec des forces suffisantes. Mais, dans le
premier cas, elles pourraient être moins nombreuses que dans les deux autres et surtout dans
le troisième.

VIII

Servis par les influences anglaises, qui, de 1816
à 1836, agirent contre nous à Madagascar, et par
l'organisation supérieure du roi Radama, qui

s'appuya sur elles et fonda leur puissance, les Hovas ont étendu la domination de quelques centaines de mille hommes sur quatre millions d'autres, bien plus par la terreur qu'ils inspirent[1] que par la force réelle de leurs armes. Enfin, malgré sa haine contre les établissements étrangers, parce qu'ils se sentent inférieurs à la civilisation, et c'est là le motif de l'expulsion des missionnaires anglais, qui, tout en faisant une propagande hostile à nos intérêts, exerçaient une action civilisatrice, on peut penser que le peuple hova, soustrait à la pression du gouvernement odieux qui tend à exciter encore ses funestes penchants, et disséminé parmi les autres peuplades, ne restera pas longtemps sans comprendre la portée de notre expédition et les avantages d'une entière soumission. En nous évitant des embarras réels, cette résolution serait encore d'un heureux effet au

---

1. Nous nous souvenons qu'étant malade, et gardé par un Sakalave autrefois vendu comme esclave, cet homme (qui provenait pourtant de la tribu la plus belliqueuse) nous dit, en parlant un jour de son pays et des Hovas, que la colonie de Bourbon devait s'estimer heureuse qu'il ne leur plût pas de s'en emparer; qu'ils trouveraient au besoin des ailes pour s'y transporter; que ce n'étaient pas des hommes, mais des démons. L'effroi était peint sur le visage de ce pauvre diable, et nous ne pûmes lui persuader le contraire.

point de vue de l'économie coloniale de notre
nouvelle occupation; car les Hovas, industrieux
et commerçants surtout, entraîneront alors dans
cette voie les diverses tribus dont l'infériorité
sociale ou morale explique leurs farouches ex-
ploits.

IX

Ne serait-ce pas un beau résultat pour la
France que d'avoir contraint les oppresseurs à se
transformer en initiateurs de ceux qu'ils déci-
maient jadis par le feu, le fer et le poison? C'est
à l'organisation politique et administrative de
l'occupation à y pourvoir; et, nous le répétons,
ce résultat est possible sans qu'on ait à craindre
de la part des vaincus d'infructueuses tentatives
pour se remettre à notre place. Ils compren-
dront eux-mêmes que la génération présente
ne saurait préférer aux voies de la religion, de
la justice et de la liberté que nous ferons régner sur cette île si belle, le sanglant despotisme
d'autrefois.

Quant à l'avenir, il est virtuellement engagé

par cette transition dont les heureux effets per-
pétueront leur cause bienfaisante.

X

Puisqu'il est suffisamment établi, nous le
croyons du moins, que la question de la réintégration durable enfin de nos droits à Madagascar
est résolue par le seul fait d'une expédition munie
des forces nécessaires, nous laisserons de côté celle
de l'opération, pour insister davantage sur ces
droits dont la destinée a été si diverse. Nous allons montrer leur origine, leur reconnaissance
absolue, et les violations regrettables et diverses
qui y furent faites comme au droit des gens par
les Hovas, dont nous dirons aussi les détestables
excès commis sur les autres populations.

XI

Pourtant nous ne voulons pas abandonner
le sujet précédent sans parler des ressources

qu'offriraient à une expédition l'île de la Réunion
(Bourbon) et la petite île de Sainte-Marie [1]. Cette
dernière, située en face et auprès de l'ancien établissement de Tintingue, est notre seule possession
actuelle à Madagascar, et Radama se proposait
encore de l'enlever. Peut-être l'eût-il tenté, si la
mort ne l'avait brusquement surpris en 1828.

On trouverait, entre autres choses précieuses à
Bourbon, un excellent élément pour engager et
soutenir la lutte et contre l'ennemi et contre le
climat, suivant le lieu d'opération, parmi la population assez nombreuse dite des *Petits Créoles*.
Ces hommes, qui, pour la plupart, vivent retirés
dans l'intérieur de l'île, et dont l'existence est
précaire en même temps qu'elle est rompue aux
fatigues et endurcie aux privations, seraient heureux de trouver une occasion d'employer avec
fruit et non pas sans gloire des qualités d'énergie,
d'adresse et de courage vraiment supérieures. Ne
reculant devant aucun danger et sachant les éviter
à propos, ils deviendraient d'infatigables chas-
seurs de Hovas, et jamais leurs balles ne manque-
raient le but. Plus tard encore, l'État, qui n'aurait

---

1. L'île de Sainte-Marie a environ douze lieues de long sur
deux à trois de large.

eu qu'à leur fournir l'armement et la subsistance,
en leur assurant du moins quelques avantages
dans la colonisation, trouverait encore en eux un
élément non moins précieux pour aider efficace-
ment à cette colonisation par un travail intelligent, effectif et soutenu. Fils déshérités de leur
île opulente, rien ne les arrêterait pour fonder à
leur tour, à Madagascar, les bases de leur fortune.

Enfin, nous ajouterons qu'à l'expédition en
hommes et en artillerie légère il faut se préoccuper d'adjoindre des moyens suffisants de trans-
port, et que, sous ce rapport, Bourbon offrirait
encore des ressources réelles. En outre, si nous
exercions une autorité, nous voudrions que la
majeure partie des hommes et des chevaux qui
composent le service de la gendarmerie de Bourbon fût destinée à prendre part à l'expédition,
après avoir été remplacée par de nouveaux ar-
rivés. L'habitude d'agir sur la race noire et l'acclimatement de ces hommes d'élite et de leurs
chevaux, donneraient à ce petit corps de cavalerie,
destiné à former le noyau, une importance et une
utilité dont il ne faudrait pas se priver.

Quant à Sainte-Marie, on pourrait en utiliser la
proximité sous le rapport du ravitaillement dans
de petites proportions, il est vrai, mais dans

des proportions encore assez notables; et, au point de vue médical, le service sanitaire qui y a été organisé, avec autant de zèle intelligent que de dévouement, par M. le docteur Dauvin, médecin en chef à Bourbon, ne laisserait pas que d'être avantageux à l'expédition.

CHAPITRE III

Des droits de la France sur Madagascar. — Historique des diverses prises de possession. — Nombreuses violations tant de ces droits que du droit des gens. — Attentats des Hovas.

I

A l'époque où l'ancien monde se portait avec ardeur vers le nouveau, et que notre pays aspirait légitimement au rang de grande puissance maritime, le roi Louis XIII, par lettres patentes du 24 juin 1642, confirmées l'année suivante par Louis XIV, déclara la souveraineté de la France sur Madagascar. Cette île, découverte en 1506 par les Portugais, et la plus vaste du globe, n'avait encore été l'objet d'aucun établissement politique. Mais l'attention de la France s'était portée sur elle en raison des avantages maritimes et commerciaux qui devaient résulter de son occupation.

Or, peu après, M. de Pronis, agent de la compagnie, formée alors avec un privilége de dix ans, et le même qui prenait, en 1642, solennellement possession de l'île Bourbon (Mascarenbas) au nom du roi de France, installait aussi des postes sur plusieurs points de la côte orientale de Madagascar. En 1644, il fonda, notamment près de la baie de Sainte-Luce, où il avait fait un premier établissement malheureux, le fort Dauphin, dont le commandement fut ensuite confié à Martin Flacourt, auteur de mémoires estimés sur cette contrée (1648).

Dès que le pavillon de la France eut flotté sur Madagascar, toutes nations, se retirant devant ce droit de première occupation, le laissèrent incontestable et incontesté.

Ce premier établissement fut suivi de plusieurs autres dont nous parlerons ensuite, tels que ceux de Tamatave (Tamas), Foulpointe, Fénérif (Galemboulle), Tintingue et Sainte-Marie, puis le port Choiseul (Maranset), au fond de la baie d'Antongil.

II

A son expiration, le privilége de cette compagnie était passé au maréchal de La Meilleraye, qui

le laissa à son fils, le duc de Mazarin, sans en
avoir retiré beaucoup d'avantages. La conduite
sans réserve et parfois sans justice des Français,
trop abandonnés peut-être par la métropole, aug-
mentait, en effet, les difficultés locales qu'avaient
rencontrées les entreprises de colonisation.

Cependant Louis XIV ayant, en 1664, ap-
prouvé le plan de Colbert pour la création d'une
compagnie royale des Indes orientales, cette
compagnie obtint, pour cinquante années, le privilége exclusif de s'établir et de commercer à
Madagascar, dont elle fit reprendre possession au
nom du roi.

Madagascar reçut en même temps le nom d'île
Dauphine, et le fort Dauphin devint d'abord le
chef-lieu des établissements français au delà du
cap de Bonne-Espérance; puis, de 1667 à 1672, la
résidence d'un gouverneur général ou vice-roi
près de qui siégeait un conseil souverain. La mauvaise administration de la compagnie, dont le mer-
cantile esprit n'était pas à la hauteur de la situation, avait en effet conduit le roi à investir, en
1666, le marquis de Mondevergue du commandement général au delà de la ligne équinoxiale.
Mais il est constaté qu'après l'arrivée de celui-ci
et d'une flotte de dix vaisseaux portant, avec les

deux directeurs des Indes, dix chefs de colonies,
quelques marchands et des femmes, la tranquillité
la plus parfaite ne cessa de régner dans l'île jusqu'à 1670, les principaux chefs indigènes ayant
*reconnu la souveraineté de la France et juré fidé-
lité au nouveau gouverneur.*

Tels sont les faits qui, chez toutes les nations
colonisatrices, constituent l'assise de leurs droits
et démontrent suffisamment l'ancienneté et l'in-
contestabilité des nôtres.

III

En 1669, la *compagnie*, qui faisait mal ses affaires, malgré les subsides du roi [1], lui rendit l'île,
qui fut alors réunie à la couronne sous le nom
de *France orientale*, et l'amiral de La Haye succéda comme vice-roi au marquis de Mondevergue
en 1670.

Venu avec les plus heureuses dispositions, l'a-

---

1. Peut-être même à cause de ces subsides, qui donnèrent
lieu à beaucoup de gaspillages

miral échoua dans ses projets par les intrigues de Champmargou, l'un des successeurs de Flacourt. Champmargou, dont la position était devenue secondaire, voulait le dégoûter du pays, et il y réussit, car M. de La Haye quitta le fort Dauphin pour se porter à Surate. Alors le fort Dauphin, mis, vers la fin de 1671, en butte à l'hostilité des indigènes, devint le théâtre d'un horrible et général massacre de ses habitants, surpris à l'église dans la nuit du 25 décembre 1672. Quelques-uns à peine purent échapper à ce premier attentat et se réfugier à Bourbon.

IV

Loin d'abandonner ses projets après un tel désastre, Louis XIV, au contraire, par un édit de 1686[1], annexait définitivement Madagascar à la couronne de France. Mais les revers qui vinrent attrister les dernières années de son règne l'empêchèrent malheureusement d'y donner suite.

1. Confirmé par ceux de 1719, 1720 et 1725.

Toutefois, le duc de Choiseul, éminent esprit bien fait pour comprendre ces vastes projets, les reprit et les continua sous Louis XV. Les autorités des îles de France et Bourbon furent chargées d'entretenir sur presque toute la côte, depuis Sainte-Luce jusqu'à la baie d'Antongil, des agents civils et militaires, et lui-même, en 1750, fit occuper l'île Sainte-Marie, voisine de Tintingue, et chargea M. de Modave, en 1768, de relever le fort Dauphin.

M. de Modave, dans ses relations, fait ressortir les avantages de la colonisation : 1° par rapport aux approvisionnements des îles de France et Bourbon, dont il reconnaissait l'insuffisance sans Madagascar et malgré l'importance du port de la première; 2° au point de vue des relâches et du ravitaillement des navires faisant le commerce entre l'Inde et l'Europe; 3° comme un moyen très-puissant pour pratiquer ce commerce. Selon lui, Madagascar était bien au-dessus des autres colonies; mais ses vues, par des circonstances diverses, furent peu secondées.

Cependant, en 1746, on voyait l'illustre Mahé de La Bourdonnais relâcher à Madagascar pour réparer les avaries de sa flotte improvisée qu'une tempête avait battue et désemparée. La baie d'An-

tongil lui fournissait tous les bois nécessaires, et,
de là, s'élançant de nouveau, il allait chercher
les Anglais dans l'Inde, les battait et s'emparait
de Madras.

En 1759[1], une escadre de onze vaisseaux, com-
mandée par le comte d'Aché, recevait à Foulpointe des approvisionnements nombreux.

Alors, cependant, comme dans la suite pour
l'escadre du glorieux Suffren, les ports de Madagascar étaient précieux à la France.

Plus tard, en 1774, le baron Beniowsky reçut
l'ordre de s'établir, sous la direction du gouverneur de l'île de France, à Madagascar où il
fonda le vaste établissement de la baie d'Antongil. Mais au retour d'un voyage en Europe[2],
en 1786, celui-ci poussé par une détestable am-
bition, et profitant d'une fable accréditée à
dessein, qui le disait issu d'une princesse Malgache, tenta de renverser la domination de la
France en se faisant proclamer roi de Madagascar. Son crime lui coûta la vie, heureuse-
sement pour un gentilhomme; il tomba sous les

1. Legentil.
2. Il y avait reçu un accueil flatteur. Franklin avait été son
avocat auprès du gouvernement, et une épée d'honneur lui
avait été décernée.

coups d'une expédition faite à propos de l'île de
France.

Depuis ce funeste événement, la France res-
treignit ses possessions et n'entretint à Madagascar qu'un petit nombre d'agents pour *la
garde du pavillon*, et afin de protéger les escales que continuèrent à y faire les navires à destination de l'Inde, ou ceux qui venaient y chercher des approvisionnements en bœufs et en
riz pour nos établissements des îles de France
et Bourbon.

Néanmoins, Louis XVI ne renonça pas à nos
droits sur Madagascar, et, en 1792, la Convention
y envoya un agent (le sieur Lescalier) pour étudier les différents points de débarquement et lui
rendre compte des moyens de pratiquer la colonisation. Les rapports de cet agent n'eurent pas
de suite, on le comprend aisément, au milieu de
la tourmente révolutionnaire et des calamités
dont fut affligé notre pays.

V

Quoique nos postes fussent concentrés (sous l'autorité de M. Sylvain Roux) à Tamatave et à Foulpointe, l'île de Madagascar ne cessa pourtant pas d'être considérée comme une terre française pendant la durée de l'empire. Mais trop absorbé par les complications européennes de son époque, Napoléon Ier ne put donner à cette question l'attention qu'elle méritait, et dont l'importance n'eût pas manqué d'intéresser son génie essentiellement pratique. Si le général avait compris la portée d'une occupation en Égypte, à plus forte raison le souverain eût été heureux de régner aussi sur la *France orientale*.

Enfin, lorsqu'après de vigoureuses luttes où nos modernes illustrations maritimes préludaient à la gloire de leurs noms[1], les îles de France et

1. La postérité a commencé pour la plupart. Nous ajouterons que l'amiral Hamelin, actuellement ministre de la marine, prenait part, quoique jeune encore, à ces combats incessants.

Bourbon tombèrent au pouvoir des Anglais, les postes entretenus à Foulpointe et à Tamatave passèrent également entre leurs mains en 1814. Après en avoir détruit les forts, les Anglais abandonnèrent aux indigènes cette vaste contrée où, nonobstant de si fâcheuses alternatives, l'occupation française maintenue pendant près de deux siècles a laissé une empreinte ineffaçable.

VI

Cependant le traité de Paris du 30 mai 1814 rendit à la France ses droits sur Madagascar. L'article 8 porte en effet que : « Le roi d'Angleterre, stipulant pour lui et ses alliés, s'engage à restituer au roi de France, dans les délais qui seront fixés, les colonies, pêcheries, comptoirs et établissements de tout genre que *la France possédait au* 1er *janvier* 1792 dans les mers et sur les continents de l'Amérique, de l'Afrique et de l'Inde, à l'exception des îles de Tabago, Sainte-Lucie et de l'île de France et de ses dépendances, etc., etc. »

Ainsi nos droits fondés *ab antiquo*, et mainte-
nus par une succession d'établissements divers,
reçurent à cette époque une nouvelle et solennelle
consécration.

VII

Toutefois l'Angleterre, qui comprenait parfaitement aussi toute l'importance de Madagascar,
et surtout depuis que l'île de France lui avait été
abandonnée par le même traité, dont la situation
politique explique les exigences, essaya, par une
subtile interprétation de la lettre, — on peut tout
dire maintenant que les signes des temps ont
changé et que l'alliance intime a remplacé l'hostilité, — de créer et d'introduire des droits rivaux
des nôtres pour faire prédominer l'influence britannique. En effet, comme il était stipulé par
l'article précité que cession était faite à la Grande-
Bretagne « de l'île de France et de ses dépendances, » le gouverneur de cette nouvelle possession, sir Robert Farqhuar, prétendit que les établissements de Madagascar devaient s'y trouver
implicitement compris, comme ayant été rangés

antérieurement à 1792 parmi les dépendances de l'île de France (depuis Mauritius, île Maurice).

Mais la France ayant à bon droit protesté contre cette interprétation aussi erronée que subtile, ordre fut donné au même gouverneur, le 18 octobre 1816, par le cabinet de Saint-James, de remettre immédiatement à l'administration de l'île Bourbon les anciens établissements français de Madagascar.

Alors le gouvernement britannique, ne pouvant plus contester nos droits, chercha par tous les moyens à y substituer son influence, et plus d'une année ne s'était pas écoulée que, malgré l'ordre du 18 octobre précédent, un traité passé le 23 octobre 1817 avec Radama, chef des Hovas, le qualifiait « roi de Madagascar. »

Nous susciter de constantes entraves en favorisant Radama contre nous et en faisant pénétrer dans l'île, sous sa protection, de nombreux missionnaires, telle fut l'œuvre habile de l'Angleterre, qui, dès lors, jusqu'en 1828 que mourut Radama, exerça sur les affaires de Madagascar une prépondérance favorable aux Hovas autant qu'à sa politique. La suite en eût clairement montré le but sans la mort prématurée de Radama qui vint en arrêter l'essor, et sans la mesure anticivilisatrice par laquelle Ranavalona fit fermer les écoles à la Lancastre établies par les missionnaires, et finalement expulser ceux-ci, sept ans plus tard.

En nous occupant bientôt des détails topographiques où il sera question des diverses tribus, nous parlerons de celle des Hovas et de leur roi Radama.

VIII

Cependant le gouvernement de la Restauration, dont les grandes pensées furent si fatalement méconnues ou calomniées par les ambitions déçues et les pénibles rivalités du temps, se préoccupait aussi en 1817 du désir de reconstruire l'édifice de notre pouvoir à Madagascar et de l'influence maritime et commerciale qui devait en ressortir s'il eût été laissé libre d'agir.

En 1818, le 15 octobre, sous le ministère du comte Molé, l'amiral baron de Mackau, alors capitaine de vaisseau, reprit solennellement possession de Tintingue et de Sainte-Marie, en présence des chefs et des principaux habitants du

pays réunis en assemblée générale—Sainte-Marie
avait été autrefois cédée à la compagnie des Indes
par Béti, fille de Ratzimilaho, souverain de cette
petite île, par acte authentique du 30 juillet 1750
—puis, le 1ᵉʳ août 1819, le pavillon de la France
flottait au fort Dauphin. Quoique cet ancien établissement ne fût plus qu'un monceau de ruines
recouvertes de lianes, une partie des murs de
l'ancien fort, le magasin à poudre et la porte
d'entrée subsistaient encore. On se borna à dres-
ser dans l'enceinte du fort une construction destinée à recevoir quelques canonniers et une petite
garnison. Enfin Sainte-Luce fut également réoccupé, et l'on soumit ces établissements à l'autorité
administrative de l'île Bourbon.

IX

Malheureusement les difficultés du temps ne
permirent pas au gouvernement d'effectuer alors
l'établissement qu'il méditait, et le projet de con-
centrer ses efforts sur la petite île de Sainte-Marie
comme objet de colonisation prévalut à tort, car

les sacrifices faits depuis par le gouvernement de
1830, dans le même sens, n'ont abouti qu'à dé-
montrer, sous tous les rapports, l'inanité de l'es-
poir fondé sur ce faible point[1]. Il est inutile d'en
discuter ici les motifs.

Quoi qu'il en soit, une autre expédition destinée à former cet établissement partit de France en
1821 et arriva sur la fin d'octobre à Sainte-Marie.
C'est à ce moment d'ailleurs que se placent les
attaques les plus flagrantes des Hovas.

En effet Radama, qui avait élevé des prétentions à l'entière souveraineté de l'île après ses
faciles triomphes sur les autres tribus, grâce à
l'influence anglaise, dont l'effet moral était considérable, fit occuper le bourg de Foulpointe par
trois mille de ses hommes, sur la fin de juin 1822,
sans se préoccuper autrement de cette agression.
L'année suivante, non content de cette première
violation de notre territoire, il envoya à la Pointe-
Larrée, située vis-à-vis de Sainte-Marie et proche
de Tintingue, un détachement de troupes hovas
qui partout se livrèrent au pillage et incendièrent
les villages de Fondaraze et de Tintingue. Un mo-

---

1. Il est toutefois très-bien situé sous le rapport straté-
gique.

ment Radama sembla vouloir attaquer même Sainte-Marie, cependant il se retira, laissant des troupes sur divers points de la côte et notamment à Foulpointe. Mais, toujours poussé par les mêmes pensées hostiles, il fit marcher en 1825 contre nos possessions un corps de troupes d'environ quatre mille hommes. Le résultat de cette violation nouvelle fut la perte du fort Dauphin, qui n'était alors occupé que par un officier et quelques soldats.

Enfin, comme pour ne laisser aucun doute sur ses intentions, ce barbare, après avoir ainsi, à différentes reprises, violé notre territoire, porté le pillage, le meurtre et l'incendie sur des populations inoffensives, et menacé d'un sort pareil notre dernière possession, fit exécuter moins d'une année ensuite les plus insignes vexations contre les traitants français à la côte orientale, et surtout contre ceux de Sainte-Marie.

Les faits parlent d'eux-mêmes.

X

Un pareil état de choses émut le gouvernement, qui, malgré les préoccupations d'économie de l'époque, préparait une expédition militaire, quand Radama mourut subitement. Mais, loin d'y gagner, nos intérêts en furent encore plus compromis, et la civilisation elle-même, que l'influence anglaise s'efforçait d'introduire, périt avec lui dans l'île, car Ranavalona-Manjaka[1], l'une de ses femmes, qui lui succéda, fit serment à la faction militaire dont elle tenait le pouvoir de ne jamais céder à des étrangers aucun point quelconque du territoire.

Composée seulement de six bâtiments et d'environ cinq cents hommes de débarquement, l'expédition mouilla sur la rade de Tamatave le 9 juillet 1829, et Tintingue rentrait en sa possession le 2 août suivant. On fortifia ce point, on y laissa une garnison, et après des pour-

1. Manjaka est le titre royal.

parlers sans issue, on se battit en différents lieux,
à Tamatave, à Ambatoumanoui et sur quelques
autres points.

Les succès de nos soldats avaient décidé Ranavalona à traiter, mais comme nous l'avons dit
précédemment, l'insuffisance de cette expédition
empêcha la fin de répondre au début.

XI

Après cette infructueuse tentative, le gouvernement se trouvait enfin libre de préparer une
nouvelle et sérieuse entreprise lorsqu'éclata la
révolution de juillet, qui, tout en recueillant les
lauriers de l'expédition d'Alger faite par la Restauration, laissait évacuer Tintingue de juin à
juillet 1831.

On se contenta ensuite d'acquérir parmi les
Comores, en 1840, la petite île de Nossi-Bé, qui
a cinq lieues d'étendue, et que le rapport présenté à la Chambre en 1843 prétendait être *une
atténuation à la perte de l'Ile-de-France*. Puis aux
termes d'un traité passé entre le sultan Andrian-

Souli et un capitaine d'artillerie[1], la France, moyennant une rente viagère éteinte aujourd'hui, devint propriétaire de l'île plus considérable de Mayotte qui, disait-on aussi, devait devenir *le Gibraltar de l'Inde*....

Il n'entre pas dans notre sujet de parler autrement de ces établissements ainsi groupés non loin de Sainte-Marie, et qui, placés d'abord sous l'autorité administrative de l'île Bourbon, sont pourvus maintenant d'une direction particulière. Après avoir coûté beaucoup à la France, ils font attendre encore, malgré les efforts d'une habile administration supérieure, les premiers d'entre les résultats promis alors de bonne foi sans doute, mais beaucoup trop facilement. Dix navires peut-être ne se sont pas rendus directement d'Europe, depuis leur fondation, vers ces établissements qui sont obligés de *tout recevoir de France sans rien produire en échange*. Constatons cependant que Mayotte promet de fournir bientôt un peu de sucre. Ce n'est pas trop en quinze ans.

1. M. Passot.

XII

Mais si, depuis l'évacuation de Tintingue, la France a cessé d'entretenir des postes sur la grande terre[1], si temporairement elle a consenti à ne pas user de ses droits, ils n'en sont pas moins imprescriptibles. Les prétentions de Radama ou de Ranavalona ne sauraient les infirmer, et si les Hovas semblent nous avoir évincés, il suffira d'appuyer ces droits des forces nécessaires pour qu'ils reposent désormais sur un fait.

Enorgueillis, néanmoins, par cette succession d'événements si favorables pour eux, les Hovas se sont tout cru permis à partir de cette époque. Sans leur apprendre à connaître les droits d'une nation et la nature de ses devoirs, on leur a persuadé qu'ils étaient un grand peuple, et, dans leur fol orgueil, ils pensent que leur capitale Tananarivo (qui signifie mille villages) n'est égalée par rien au monde.

1. On appelle ainsi Madagascar par opposition aux îles voisines.

S'ils ont consenti postérieurement à laisser subsister un peu de commerce sur les côtes, c'est seulement afin de se procurer encore des moyens de défense contre nous [1], ou de s'emparer, à un moment donné, de l'avoir du traitant trop confiant qui s'aventurerait à un établissement temporaire. Entraînés par un goût prononcé pour le trafic et une grande âpreté au gain, ils préféraient aussi s'assurer des bénéfices offerts par le voisinage des côtes, plutôt que de les abandonner aux primitives populations riveraines que le commerce aurait pu faire grandir.

Ils étaient certains que les bienfaits du commerce et de la civilisation absorbés par eux ne s'étendraient pas au delà d'une certaine zone et, par suite, le pouvoir hova, désireux d'ailleurs de se donner une apparence d'existence politique, admettait parfois quelques étrangers à pénétrer jusque dans sa capitale Tananarivo. C'est ainsi qu'un petit nombre d'hommes, parmi lesquels

---

1. Une maison de commerce française leur a fourni trente mille fusils rebutés par le département de la guerre, et une sorte de fabrique d'armes est dirigée à l'intérieur par un Français. L'étranger établi chez les Hovas, qui sentent le besoin de son industrie, n'y peut d'ailleurs séjourner qu'en échangeant sa nationalité contre la leur.

nous citerons M. le capitaine Garnot chargé d'une
mission par le gouvernement de l'île Bourbon
vers 1837 et doué d'un esprit élevé, ont pu séjourner temporairement dans le pays d'Emirne.
M. Garnot avait même décidé Ranavalona à faire
visiter la France par quelques envoyés qu'il ac-
compagna, mais à leur retour défense leur fut
faite sous peine de mort de dire ce qu'ils avaient vu.

Nous ne parlerons pas de certains Français
établis en différents lieux où ils possèdent et font
cultiver de vastes terrains. Devenus Hovas par
abjuration de leur qualité, *honorés* de la faveur
de Ranavalona, ils semblent avoir pour but de
faire tourner à leur profit l'état de choses actuel, en contribuant à le maintenir plutôt qu'en
s'efforçant de le faire disparaître. C'est ainsi que,
spécialement protégées pendant l'attentat de juin
1845, leurs personnes demeuraient libres et leurs
propriétés prospères, tandis que les divers Français et Anglais, établis temporairement à la côte
orientale pour y commercer, se voyaient con-
traints par la force et la violence d'abandonner
leurs biens livrés au pillage.

XIII

Depuis quelques mois, en effet, dans le courant de l'année 1845, sans aucune cause appréciable, sans aucun grief à articuler contre les traitants, les chefs de la côte le déclarèrent à l'honorable commandant du *Berceau*, en rejetant leurs ordres sur ceux de la reine, une hostilité sourde fermentait à l'égard des marchands sur la côte.

Résistant par leur mesure et leur modération, ceux-ci comptaient du moins liquider leurs opérations et réaliser leur avoir; mais on ne leur en laissa pas le temps. Chassés et dépouillés, la plupart de toute leur fortune, malgré la présence des bâtiments cités précédemment, ces malheureux furent obligés de se réfugier à bord des navires le 14 juin 1845. N'ayant plus alors de ménagements à garder et n'écoutant qu'une légitime indignation, les commandants des forces françaises et anglaises s'unirent accidentellement pour tirer justice d'une aussi flagrante violation de tous les droits. La rade de Tamatave était bombardée le lendemain, et un engagement avait lieu; mais les Hovas, trop supérieurs en nombre, restèrent les maîtres de la côte. Enfin, Ranavalona, s'étourdissant de ce triomphe, osa faire mettre à prix la tête des honorables commandants [1], et celles des victimes de cet odieux attentat, fichées à des pieux, furent dressées sur la plage!...

Si la convention du commerce de Maurice avec elle n'avait mis fin à ce scandale, qui dura dix ans, on les verrait encore ces malheureuses têtes où les quatre vents du monde firent inutilement bruire un long cri de vengeance!... Après ce coup d'État, Ranavalona ferma *ses* ports au commerce des deux nations.

XIV

La douleur et l'indignation étaient à peine calmées lors de notre arrivée à Bourbon en 1848.

---

1. Le fait nous a été affirmé en dernier lieu par le frère du commodore Kelly, commandant lui-même le port de l'île Maurice, d'où nous avons voyagé avec lui jusqu'à Londres.

Les pertes subies par le commerce de Maurice et
de Bourbon étaient d'ailleurs notoires, et, par
suite, le bien-être général en était fortement atteint.

En effet, les deux îles ne se procurèrent plus
qu'avec peine une partie des bœufs nécessaires à
l'alimentation, et furent obligées de demander
exclusivement à l'Inde, en y laissant chaque année des sommes considérables, le riz, qui est dans
ces pays la base de la nourriture, et que Madagascar fournissait abondamment en échange de
marchandises peu coûteuses.

Cependant une expédition préparée dans le
cours de l'année 1846, avec des forces plus considérables que celles employées jusqu'alors, et dont
le général Duvivier devait prendre le commandement, promettait à la France une juste satisfaction. *La Belle-Poule* et *le Neptune* se tenaient
prêts à Toulon, et d'autres bâtiments ailleurs ; mais
l'ordre d'embarquement, déjà donné, fut contre-
mandé en décembre. Les embarras de la politique du temps ne permirent pas au gouvernement
d'aller au delà de cette manifestation, qui, portée
à la connaissance des Hovas, n'a fait que rendre
plus grandes leur confiance et leur audace.

Les tentatives pacifiques faites par l'honorable

M. Page, lorsqu'il commandait la station de Bourbon (à bord de *la Reine-Blanche*), en vertu des instructions qu'il avait reçues, ne firent que les confirmer dans ces dispositions après 1848.

Aussi la nouvelle série de leurs crimes ne se borna pas là; vers 1850, un bâtiment du commerce français (*la Grenouille*) fut surpris par les indigènes sur les côtes, et l'équipage périt entièrement. Est-il besoin d'ajouter quoi que ce soit?

Justement affligés, le commerce et la population de Bourbon s'attendaient à voir enfin le châtiment suivre de près cet odieux attentat... Il n'en fut rien... toujours à cause de la situation politique.

Enfin, pour terminer ce recueil de pages sanglantes, tout récemment encore, plusieurs Français, et parmi eux un ancien consul, tombaient sous les coups de ces barbares. Nous avons déjà dit leur triste sort... Espérons qu'il sera vengé !

XV

Veut-on maintenant savoir à quels excès, à quelles monstruosités les Hovas se sont livrés sur

les malheureuses peuplades soumises à leur détestable puissance?

Nous reprendrons les choses depuis Radama,
qui, cependant, était bien supérieur à son peuple
par l'intelligence et les aptitudes, et nous laisserons parler le baron de Mackau dans son rapport
au gouverneur de Bourbon, en 1818[1] :

« Sans doute, il serait d'un haut intérêt pour
nous de nous ménager l'alliance et l'appui d'un
chef aussi puissant, et auquel ses vices mêmes
peuvent donner un jour une plus grande puissance. J'aurais aimé à recueillir sur Radama des
traits qui annonçassent une belle âme, dans
l'homme peut-être destiné à devenir notre principal allié à Madagascar. Mais en cherchant la
vérité au milieu des versions contraires que l'intérêt dictait à chacun, Radama ne m'a paru qu'un
sanguinaire despote. A vingt-deux ans, il fuit déjà
les fatigues de la guerre...; il vit dans la mollesse,
et, quoique très-riche de l'économie de son père,
il ne songe qu'à accroître sa fortune par de hon-
teuses manœuvres. Il accable, par le nombre, de
paisibles voisins, et sa rapacité l'entraîne sans
cesse à de nouvelles invasions qui lui fournissent

---

1. Lors de la reprise de possession datant de cette époque.

de nouveaux esclaves. Il vient de ravager la paisible tribu des Antantsianaks, qui, tout en reconnaissant sa puissance, voulait cependant conserver son indépendance. *De sept mille prisonniers* que la victoire mit dans ses mains, *il en a fait détruire quatre mille par le fer* et en a réservé *trois mille* pour l'esclavage. »

A ces égorgements en masse, il faut ajouter les exécutions de détail, le supplice du bûcher et celui de la croix [1] infligés après 1820. Un acte de barbarie, exercé en 1822 à l'egard d'un Français, trouvera ici sa place.

Un établissement de commerce avait été fondé à Mahéla par le sieur Fillhau, originaire de Bordeaux, et sa maison prospérait en 1822, lorsque Radama, n'écoutant que de perfides conseils, envoya un détachement pour s'emparer de lui. Cachant d'abord le but de sa venue, le chef du détachement fit serment de sang avec Fillhau et prit part à un festin donné à cette occasion. Mais levant bientôt le masque, ce chef donna ordre de le garrotter, et le traîna à Tananarivo pendant que

---

1. Au moyen de trois poteaux réunis par deux traverses. Le corps s'attachait à celui du milieu, et les extrémités se clouaient aux deux autres.

sa maison était livrée au pillage. Quelques mois
après, dans l'ivresse d'une orgie, Radama lui fit
trancher la tête.

XVI

Sans doute, il ne fut pas loisible aux Anglais, qui
dominaient alors, d'empêcher de pareils actes,
dont le souvenir pénètre d'horreur, et l'humanité
doit tenir compte de leurs heureuses tentatives
pour l'abolition de l'usage du *tanghin*, condamné
par Radama et rétabli par Ranavalona.

Le suc du *tanghin*[1] constitue un violent poison
et le moyen de justice hova. Si l'estomac de l'ac-
cusé rejette le poison, son innocence est recon-
nue; dans le cas contraire, il est jugé et puni tout
à la fois. On comprend que peu de victimes doivent en réchapper. Ranavalona a tellement remis
en vigueur ce barbare usage parmi la population,
que toute contestation sérieuse est réglée par ce
moyen. C'est une affaire d'estomac, et, comme
on voit, un procédé expéditif.

1. *Tanghinia veneniflua.*

Mais ce n'est pas là, malheureusement, le seul criminel usage adopté par les Hovas. Il en est un autre dont l'influence contribue puissamment aussi à dépeupler Madagascar, où vingt millions d'habitants pourraient subsister aisément, tandis que le quart de ce chiffre est à peine atteint. Il est de rigueur qu'une sorte d'augure appelé *sikidy* soit consulté pour chaque événement. Le moyen matériel consiste en un certain sachet empli de petits cailloux ou de noyaux mêlés à des haricots; ce bizarre assemblage constitue le *sikidy*. Rien ne se fait donc sans le secours de cet oracle, et, par rapport à la population, le *sikidy* doit déclarer si l'enfant est venu au monde en un jour faste ou néfaste. Dans ce dernier cas, l'enfant est supprimé sans rémission, *on le noie....*

Enfin voici, d'après la *Revue coloniale* (du département de la marine), le tableau de la situation :

« Tous les habitants de Madagascar, à l'exception de quelques peuplades Sakalaves, gémissent sous le joug de fer des Hovas; et à leur tour les Hovas, inférieurs et supérieurs, ont à souffrir sous le gouvernement de la reine. Tous ces peuples, en général, si l'on excepte quelques chefs hovas, n'aspirent qu'à un changement qui, de quelque côté qu'il vienne, leur sera avantageux; ils béni-

ront la nation qui les délivrera du fer et du poison dont ils sont menacés et atteints tous les
jours.　.　.　.　.　.　.　.　.　.　.　.　.　.

« Il est à remarquer que les étrangers qui habitent Madagascar sont Français ; les naturels sont
familiarisés avec notre langue et nos usages, même
les Hovas de la côte. »

.　.　.　.　.　.　.　.　.　.　.　.　.　.

Que d'outrages à l'humanité, que de violations
au droit des gens, que d'attentats à nos droits de
possession !

Resteront-ils impunis ?

CHAPITRE IV

Des avantages de l'occupation de l'île. — Intérêts politiques.
— Établissement du christianisme.

I

Ce n'est pas au point de vue des avantages qu'elle pourrait offrir à nos faibles colonies de la mer des Indes que nous envisagerons la colonisation de Madagascar. Nous voulons élever la question à une autre hauteur.

Cette île, si vaste qu'elle n'a point d'égale sur le globe, qui prend les proportions d'un continent, et dont la superficie équivaut presque à celle de la France, suffit par elle-même à occuper toute l'attention d'un grand peuple.

C'est là que le commerce et l'industrie, conduits par la civilisation, trouveront un champ digne d'exercer leurs efforts. C'est par là que notre marine, sollicitée déjà au développement progressif dont nous sommes témoins, pourra prendre un accroissement sans bornes en formant une pé-

pinière de véritables marins, en créant de nouvelles richesses, en multipliant les productions et
les débouchés. Enfin, c'est par là que nous aurons
la gloire d'enlever cinq millions d'êtres humains
aux iniquités de leurs oppresseurs, à la barbarie
et au paganisme.

A part le maintien de ses droits et la nécessité
d'exercer enfin de justes représailles, n'est-ce pas
une noble entreprise que d'enrichir la France en
substituant, sur ces lointaines rives, le droit à l'u-
surpation, la justice à l'injustice, la clémence à la
cruauté, la fortune à la misère, l'instruction à l'i-
gnorance, et, comme œuvre suprême, les enseignements de notre sublime religion aux funestes
et grossières coutumes qui fuiront devant elle ?

II

En effet, que de ressources l'île de Madagascar
ne renferme-t-elle pas dans un périmètre qui se
mesure par 14 degrés de latitude, et dont les diverses modifications de température permettent
simultanément de cultiver les productions des

climats tempérés et celles qui n'appartiennent qu'à la zone torride! Que d'aliments pour le commerce; quel accroissement prodigieux des éléments de l'échange et du travail!

Des champs illimités, d'une extraordinaire fertilité, n'attendent que les bras des colons pour produire au centuple. « La nature, dit l'abbé Raynal dans son Histoire philosophique, y est toujours en végétation, et le riz, malgré la plus mauvaise des cultures, se multiplie au *centuple*. » Le blé indigène et le blé d'Europe y donnent *deux récoltes par an*, le *maïs en donne trois.* » Des forêts immenses où toutes les espèces, toutes les essences croissent et se multiplient depuis des siècles, offriront aux constructions civiles et navales, ou bien au luxe de l'ébénisterie d'incalculables richesses. Les pièces de mâture, entre autres, qui deviennent si rares, y sont en abondance. Des troupeaux sans nombre promettent au commerce du cuir et des salaisons une inépuisable source de bénéfices. Les bois, les airs, les eaux sont peuplés de gibier et de poissons de toutes sortes.

III

Mais toutes ces richesses ne sont encore qu'une partie de celles qui existent dès maintenant, et n'attendent que la voie tracée par la colonisation pour se répandre à l'extérieur comme à l'intérieur. Le sol de la province de Ménabé *sue* le *fer*, disait le commandant Guillain en 1843 [1]. Le fait est qu'il s'y rencontre presque à fleur de terre, et qu'on le dit égal aux fers de Suède. La cire, l'ambre gris, la résine élémi, le coton, les vers à soie [2], l'indigo, le tabac, l'orseille, le girofle et les autres épices, le caoutchouc, les gommes laque et copal, le sagou, le safranum, le rocou, le café et la canne à sucre à cultiver sur une vaste échelle, la cannelle à multiplier, les huiles de coco et d'arachide à combler Marseille, de la houille [3], du

1. *Annales maritimes*.
2. Élevés sur l'ambaravatsi (*cytisus cajan*).
3. D'après le récit d'un Arabe, et qui semble être confirmé par M. le capitaine Pallier, dont nous aurons l'occasion de citer un extrait de rapport inséré aux *Annales maritimes*.

fer, du cuivre et de l'étain, des mines d'argent si l'on en croit les naturels, et peut-être d'or selon Flacourt, des rivières navigables en certaines parties, et dont les chutes dans d'autres aideront merveilleusement à l'exploitation, des canaux naturels aidant aux communications, un climat doux et salubre à l'intérieur, enfin et surtout des travailleurs nombreux et faciles, tels sont, avec ce que nous ignorons encore, les ressources, les éléments et les richesses que promet Madagascar à une heureuse colonisation.

N'est-ce pas le lieu de répéter ce que Commerson, le naturaliste-voyageur, écrivait au célèbre de Lalande, en 1771, après un séjour dans cette île merveilleuse[1] :

« Quel admirable pays que Madagascar ! Il mériterait seul, non pas un observateur ambulant, mais des académies entières. C'est à Madagascar que je puis annoncer aux naturalistes qu'est la terre de promission pour eux ; c'est là que la nature semble s'être retirée comme dans un sanctuaire particulier, pour y travailler sur d'autres

_____

1. C'est à Madagascar qu'on a trouvé les œufs gigantesques du mystérieux *Epiornis*, sur lequel un savant travail a été fait par M. Geoffroy Saint-Hilaire.

modèles que sur ceux où elle s'est asservie ailleurs : les formes les plus insolites, les plus merveilleuses s'y rencontrent à chaque pas. Le Dioscoride du Nord (Linné) y trouverait de quoi faire dix éditions de son *Système de la nature*, et finirait par convenir de bonne foi que l'on n'a encore soulevé qu'un coin du voile qui la couvre. »

IV

La France hésiterait—elle, lorsqu'elle n'a pour ainsi dire qu'à étendre le bras? Si le pays a gardé souvenance de sa grandeur passée dans l'Inde, s'il veut la remplacer, l'île de Madagascar est là providentiellement *promise*. En balançant d'ailleurs, comme l'exige une saine politique, la puissance anglaise dans cette partie du monde, on travaillerait encore à donner de nouveaux gages à la paix. Et tous ces bâtiments en nombre égal qui, sillonnant les mers, seraient entraînés par le tourbillon des affaires, de l'activité et de la fortune publique, se salueraient au passage en glorifiant l'harmonie et les bienfaits de sa durée.

V

Qu'on nous permette maintenant, sur notre marine, quelques mots qui ne s'écarteront point du sujet.

Naguère une voix d'une grande autorité signalait au pays l'état de sa marine. Depuis, notre marine militaire, par une habile réorganisation des éléments si nombreux et si divers qui la composent, semble revenue à des jours meilleurs. Les dernières campagnes de la mer Noire et de la Baltique ont témoigné hautement de l'excellence des chefs, ainsi que de l'aptitude et du dévouement de nos vaillants marins. Toutefois, il ne faut pas se le dissimuler, bien des choses restent encore à faire par analogie avec d'autres marines, et si ces choses sont possibles, car la France *peut* tout ce qu'elle *veut*, elles ne se feront *à propos* et *utilement* que lorsque le nombre des matelots sera en raison directe de l'importance à donner à la flotte.

Après cinq années environ d'une guerre honorable, glorieusement soutenue par la France, l'état-major de la marine comptait 1975 officiers en 1789[1], et le nombre des gens classés (c'est-à-dire des matelots de profession) s'élevait à 104752 dont 6740 canonniers-matelots. Louis XVI s'était montré l'ami de la marine, que la *Constituante désorganisa*, et faisait à la *caisse des Invalides*, chargée de la retraite des gens de mer, un viager de 120 000 livres. Mais si ce bon roi n'eut pas la douleur d'assister à nos désastres maritimes, le fruit de sa politique, de celle qui datait de Colbert, n'en fut pas moins perdu. Si bien qu'aujourd'hui, la France assise sur deux mers et placée dans les conditions les plus favorables pour être à la fois une grande puissance maritime et continentale, ne possède encore, malgré l'accroissement prodigieux de la population, que 168 942 hommes inscrits[2]. Il ne faut pas, d'ailleurs, considérer comme acquis à la navigation ceux qui, surpris par la conscription, sont dévolus au service de la

1. Rapport fait à l'Assemblée le 31 décembre 1789.

En 1786, la dépense de la marine avait été de 101 millions, et l'on comptait dans les ports et sur les chantiers, en 1790, 78 vaisseaux et 65 frégates, dont la construction était un objet d'admiration et d'envie pour les étrangers.

Les progrès comparatifs, acquis en soixante-seize années par notre marine, sont-ils suffisants ?

2. Au 1er janvier 1856.

marine pendant sept années, après lesquelles ils abandonnent une existence qu'ils n'ont pas appris à aimer dès l'enfance.

De cet état de choses résulte une énorme disproportion dans l'étendue de notre commerce maritime par rapport à celui de l'Angleterre, notamment. Il suffira, pour en donner la mesure, de comparer le nombre d'hommes embarqués à l'entrée et à la sortie pour le commerce maritime entre la France et l'Angleterre seulement, d'après le tableau général du commerce français pendant l'année 1854, publié par l'administration des douanes. On ne compte, en effet, dans ce commerce particulier que 43 244 marins français contre 107 856 Anglais, et notre commerce général avec l'Europe, l'Afrique, l'Asie, l'Amérique et l'Océanie n'employait à l'entrée et à la sortie que 115 215 marins [1].

Si la perte de nos anciennes colonies, jointe à

	Entrée.		Sortie.
1. Commerce avec l'Europe.........	56 243	—	36 158
— — l'Afrique.........	4 568	—	3 071
— — l'Asie et l'Océanie.	1 949	—	1 130
— — l'Amérique.......	6 425	—	5 671
	69 185	—	46 030
		115 215	

d'autres motifs qui n'ont pas leur place ici, a contribué à cette regrettable disproportion dans le nombre de nos marins, c'est en ouvrant une nouvelle carrière à la navigation, c'est-à-dire au commerce, qui forme les *vrais marins*, que sera créée cette utile pépinière de matelots qui manque à la France.

En parlant précédemment de la mission réparatrice que la Guyane était appelée à remplir, et des espérances que nous faisait concevoir la colonisation de l'Algérie, nous disions que ce mouvement d'incontestable progrès n'était pas encore suffisant à la France au point de vue maritime.

En effet, circonscrite dans des conditions géographiques fort étroites, la navigation, par rapport à l'Algérie, se borne pour ainsi dire à un simple cabotage[1]. Ce n'est pas la rude école qu'il faut aux matelots. Bientôt même, par la progression sans cesse croissante du nombre des bâtiments à vapeur, l'occasion de se former au véritable métier de la mer manquera aux jeunes gens naviguant exclusivement dans la Méditerranée. A côté des avantages de la vapeur, il faut faire mar-

---

1. Navigation qui ne s'éloigne pas des côtes. — Aller d'un cap à un autre.

cher parallèlement les forces vives qu'un accident ne peut détruire ou paralyser.

Quant à la Guyane, le temps doit prononcer son jugement, au point de vue de l'extension commerciale, sur la portée du nouvel élément qui y a été introduit. La plus grande réserve à cet égard sera donc imposée longtemps encore à la navigation.

Madagascar, au contraire, multipliant tout d'abord les rapports commerciaux entretenus déjà par delà l'équateur et le cap de Bonne-Espérance, augmentera les forces maritimes en créant de nouveaux besoins, de nouvelles ressources et d'immenses relations.

VI

Nous ne nous sommes point préoccupé des avantages que retireraient nos possessions de la mer des Indes, et notamment Bourbon, de la colonisation de Madagascar. Ce n'est point une lacune, et nous voulons dire toute notre pensée à cet égard. Les comptoirs que la France possède dans l'Inde sont, géographiquement et politiquement parlant, de trop peu d'importance pour les invoquer comme une considération en faveur du rétablissement de notre force à Madagascar. A nos yeux, comme à ceux de beaucoup d'autres, ils ne servent qu'à faire mieux ressortir encore la toute-puissance de l'Angleterre dans ces régions privilégiées. Et, pour tout dire, nos bâtiments, en se présentant dans tous les ports de l'Inde, seront mieux accueillis quand ils auront laissé derrière, mais non loin d'eux, une terre immense où dominera la France, que lorsqu'ils rappellent, comme aujourd'hui, les faibles points où flottent encore leurs couleurs. Le bénéfice le plus évident que nous retirions de ces points consiste dans la rente qui provient de la cession des salines faite au gouvernement anglais.

Quant à l'île de la Réunion (Bourbon), nous croyons que les premières années de l'occupation de Madagascar lui seront profitables; mais nous pensons aussi que, plus tard, si les éléments du travail qui constituent l'actuelle prospérité de cette île ne sont pas modifiés dans un sens plus favorable encore, il lui sera bien difficile de soutenir la concurrence des produits de cette merveilleuse terre.

Certes, nous faisons des vœux pour cette île chère à nos souvenirs, mais nous ne pouvons nous défendre de songer qu'elle a peut-être été un obstacle à la prompte colonisation de Madagascar, et que son amoindrissement ne serait alors qu'un juste retour des choses d'ici-bas. En effet, inhabitée, salubre et fertile, elle n'a pas présenté d'obstacles ou exigé des luttes comme d'autres points, et elle a ainsi attiré à soi, malgré l'absence de port et la prédominance des montagnes, les éléments qui auraient fini par triompher à Madagascar.

VII

L'avenir de l'île Maurice (île de France) ne saurait nous inspirer les mêmes pensées[1]. Pourvue d'un port superbe, placée sous une domination étrangère intéressée à ne pas laisser péricliter un point si utile à sa navigation dans la mer des Indes, cette île, dont la place est grande aussi dans notre mémoire, se verra constamment sou-

1. Quoique les intérêts de Maurice soient politiquement étrangers à notre sujet, nous avons voulu consigner ici cette considération, dont la portée n'échappera pas sans doute aux habitants de cette île. Les regrets de ceux qui sont d'origine française pourraient y trouver un dédommagement.

tenue, au contraire, par ses heureux possesseurs, qui voudront alors en doubler l'importance.

D'ailleurs elle est habituée déjà à se passer de la protection métropolitaine pour ses produits sans cesse perfectionnés, et les éléments du travail ne sauraient lui faire défaut : tout est là.

VIII

Mais quel splendide avenir ne voyons-nous pas déjà promis à la colonisation de Madagascar par l'accomplissement d'une des plus grandes œuvres modernes ! Nous voulons parler du percement de l'isthme de Suez, qui, mettant les deux hémisphères en communication, placera cette immense terre à quelques jours de la France.

Que si la perspective des précieux résultats dont nous avons entretenu le lecteur, sans partialité comme sans exagération, n'était pas suffisante pour engager le pays à traduire enfin son indignation contre les Hovas par une profonde modification de l'ordre de choses à Madagascar, il lui faudrait encore, au nom de ses droits violés, de

son honneur outragé, se décider enfin à secourir
nos compatriotes de la mer des Indes. Il ne ferait
que contribuer au maintien de sa dignité en assurant désormais leur commerce contre l'action
comminatoire de la politique hova.

S'arrêterait-on, au contraire, aux craintes exa-
gérées inspirées par les préventions à une certaine
époque, plus encore que par le climat?... Mais
nous voulons définitivement calmer les unes et
faire justice des autres.

Nos anciens établissements, ceux plus récents
que nos compatriotes y ont faits chaque fois qu'il
leur a été possible, le séjour permanent de divers
Français *dénaturalisés* ne témoignent-ils pas suffisamment contre les assertions erronées, recueillies ou répandues légèrement, qui tendent à re-
présenter le climat comme meurtrier pour les
étrangers? Sans doute il y eut jadis des mortalités
assez nombreuses parmi eux, mais leur existence
eût suffi pour les provoquer. Menant une vie dé-
réglée sous un climat nouveau, ceux qui succom-
bèrent furent plutôt victimes de leur intempérance que de la fièvre du littoral, même à
l'époque où elle était le plus intense. Quoiqu'elles
existent encore, le caractère de ces fièvres a d'ailleurs beaucoup perdu de sa nocuité. Il était rare

jadis que chacun ne payât pas son tribut, et parfois les marins étaient atteints même sans passer la nuit à terre. Mais il n'en est plus de même aujourd'hui; nous avons connu personnellement des gens qui séjournaient plusieurs mois de l'année sur les points les moins sains du littoral et qui n'ont jamais eu le moindre mal, et nous citerons entre autres notre frère, dont le bâtiment s'est rendu à Madagascar dans toutes les saisons. Il y a fait de longues marches sous un soleil ardent, il y a couché et chassé dans tous les endroits accessibles, sans qu'aucun accès de fièvre se soit manifesté. Le seul danger qu'il ait couru provient des chefs hovas, qui, pour avoir le quartier d'un certain bœuf qu'il leur avait acheté, voulurent un jour le sagayer; mais sa ferme contenance et son bon fusil leur imposèrent.

Quelques travaux premiers de desséchement et de défrichement contribueront tout d'abord à améliorer encore l'état des choses sur le littoral le moins sain.

Nous voulons reproduire, d'ailleurs, à ce sujet, quelques passages d'un rapport de M. le capitaine Pallier, inséré dans les *Annales maritimes*, que publie le département de la marine.

« Ayant fait huit voyages à la côte orientale de

Madagascar, depuis Sainte-Marie jusqu'à Manan-
zary, et ayant séjourné en dernier lieu sur cette
côte pendant les sept derniers mois de 1843, j'ai
pu recueillir sur ce pays des observations que je
crois utile de présenter. Pendant le premier
voyage que je fis à Madagascar, aucun des hommes de mon équipage ne tomba malade; pendant
le deuxième, il en fut de même. Dans le troisième, nos craintes commencèrent à s'apaiser :
nous étions tous bien portants. Notre bonne santé
a continué durant toute notre campagne, ce qui
nous fera refaire ces voyages avec la plus grande
confiance. Il ne faudrait pas cependant en conclure qu'il n'existe pas de fièvre intermittente
dans le pays. Il y est mort une très-grande quantité de personnes, la plus grande partie par suite
d'excès en tous genres, d'autres par imprudence
et de mort naturelle, mais très-peu de la fièvre
intermittente, qu'il est facile d'arrêter avec quelques prises de quinine et quelques purgatifs joints
à une grande sobriété....

« .... Les commerçants qui habitent maintenant
Tamatave et les autres points de la côte orientale
de Madagascar ne s'occupent que d'un commerce
régulier, menant généralement une vie comme
celle que l'on mène dans les colonies, et soignant

leur santé autant que leurs facultés leur permettent de le faire, puisque tous jouissent d'une
bonne santé, et beaucoup sont très-bien portants.
On pourrait ajouter que quelques petits marais
qui ont été comblés, des eaux croupies que l'on
a détournées, des bois qui ont été abattus, peuvent avoir contribué à diminuer la force des
fièvres. » Enfin M. Pallier « croit que les mortalités venaient moins des fièvres intermittentes que
de l'inconduite, de l'intempérance et des mauvais
soins médicaux donnés aux malades. »

Cette opinion, à laquelle nous pourrions join-
dre beaucoup d'autres plus récemment exprimées,
confirme nos observations et fait pleinement ressortir le véritable état des choses.

De telles considérations ne sauraient donc pré-
valoir contre les bienfaits de la colonisation. Ont-
elles empêché jadis la prospérité des Antilles, où
la fièvre jaune sévit encore cruellement parfois ?
L'Espagne a-t-elle abandonné la Havane, et l'Angleterre le Canada, qui témoignait si hautement
de ses sympathies pour nous comme de sa prospérité lors du concours de l'Exposition univer-
selle ? Calcutta, ce foyer permanent du choléra,
repousse-t-il ses riches habitants ? La Hollande
a-t-elle ralenti son action à Batavia et à Java ?

Enfin la France elle-même, dont certains points du bord de l'Océan ne sont pas exempts des fièvres intermittentes, ne conserve-t-elle pas ses possessions du Sénégal et de la Guyane?

Il ne s'agit pour l'étranger que de vivre avec modération, même dans les colonies les plus saines, et nous nous souvenons qu'à Bourbon, dont le climat est salubre pourtant, nous avons vu mourir plusieurs de ceux qui n'étaient pas assez pénétrés de cette nécessité.

IX

Ces craintes dès lors réduites à leurs véritables limites, et les difficultés générales de la politique ne devant plus augmenter les difficultés locales, la voix de la civilisation ne saurait manquer d'être écoutée enfin. C'est donc à la France qu'il appartient d'en assurer le règne en même temps que le triomphe de la religion.

Sans doute nos missionnaires, que l'on est certain de rencontrer partout où il y a des dangers à braver ou du bien à accomplir, ont fait déjà de nombreuses tentatives pour substituer les enseignements de la foi à l'ignorance et à la barbarie. Un prédicateur d'un vrai talent, un esprit charmant autant que distingué[1] se trouve à la tête d'une mission qui déjà n'a pas été sans porter des fruits[2].

Mais si ces pieux auxiliaires n'ont pas attendu

1. Le P. Jouan, dont nous avions déjà suivi en France les remarquables conférences.

2. De jeunes Malgaches des deux sexes sont instruits spécialement dans nos possessions, et doivent servir de néophytes sur la grande terre.

Nota. Nous savons que, par une circonstance exceptionnelle, un individu d'un rang élevé parmi les Hovas a été récemment conduit en Europe et présenté à notre Saint-Père après avoir été converti. Mais en étant heureux de constater ce fait, qui montre que les Hovas pourraient être ramenés, nous nous défions de la pensée qui semble l'avoir inspiré chez eux. En effet, tenu fort au courant de ce qui se passe en Europe, et surtout en France, le gouvernement hova n'a pu manquer d'être frappé de la situation de notre pays, de la grandeur des luttes entreprises pour une cause juste, et des ressources déployées par la France pour les soutenir. Il aura pu faire ainsi un retour sur lui-même et craindre le jour du châtiment. De là à chercher à égarer l'opinion, sauf à défendre plus tard au converti de répéter ce qu'il aurait vu, il n'y a qu'un pas pour la politique hova, et nous croyons qu'elle y regarderait peu.

Le récent attentat, au lieu d'infirmer notre pensée, ne fait au contraire que donner la mesure de cette politique, et la confirme par conséquent.

le succès de nos armes pour faire pénétrer les germes de la civilisation par le catholicisme, si, bravant individuellement de sérieux dangers, ils se sont efforcés de travailler ainsi au rétablissement de notre ancienne autorité, la France pourrait-elle tarder plus longtemps, devant tant d'outrages à ses droits et à l'humanité, à s'armer du glaive pour punir et du flambeau pour éclairer ?

Ainsi s'accompliront la justice de Dieu, les vœux de la civilisation et la satisfaction de nombreux intérêts par la constitution solennelle et définitive de la *France orientale*[1].

---

1. Les sympathies de la nation malgache nous sont acquises déjà. Soumises en certaines parties, luttant encore dans d'autres, les diverses tribus qui la composent, heureuses d'échapper enfin à un joug odieux, se seraient bientôt prononcées pour leurs libérateurs ; car c'est au nom du droit, de la justice et de la religion, et non pas comme d'avides conquérants, que nous devons aborder à Madagascar.

NOTES

TOPOGRAPHIQUES , GÉOLOGIQUES , ETHNOGRAPHIQUES , ETC.

SUR L'ILE DE MADAGASCAR

TOPOGRAPHIE.

I

Il n'y avait pas dix ans que Vasco de Gama avait doublé pour la première fois la pointe sud de l'Afrique, lorsqu'en 1506 une flotte détournée par la tempête, en revenant, sous la conduite de Fernand Suarez, des Indes à Lisbonne, découvrit une île immense, presque un continent. Cet officier en visita avec soin la partie orientale et la nomma San-Lorenzo, du nom de Lorenzo Almeyda, dont le père était investi de la vice-royauté des Indes pour le Portugal.

L'île conserva ce nom pendant le xvie siècle,

malgré celui de Madeigascar, que le célèbre voyageur vénitien Marco Polo, qui l'explora, lui avait déjà donné dès le xiiie siècle et qu'elle reprit depuis. La relation de Marco Polo, qui date de 1271 à 1295, est intéressante à consulter, et voici comment il s'exprimait, d'après une ancienne traduction :

« A l'issue de l'île de Scoira, tirant vers midi par 850 lieues, on vient de l'île de Madeigascar, qui est réputée et nombrée entre les plus grandes et les plus opulentes îles du monde, car on dit qu'elle contient de tour et de circuit environ 1500 lieues. Les habitants d'icelle sont mahométismes et n'ont aucun roi particulier, mais il y a quatre anciens magistrats qui gouvernent et commandent sur toute l'île. Au regard de la mer adjacente, on y prend plusieurs grandes baleines desquelles on retire l'ambre précieux. De toutes parts, les marchands affluent et s'assemblent en cette île, parce que le navigage y est facile et le flot de la mer y aide grandement, en sorte que de la province de Maabar, en moins de vingt jours, on vient à l'île de Madeigascar. »

Une circonstance semblable à celle qui avait amené Fernand Suarez conduisit, peu de mois après lui, sur la côte occidentale, don Ruy Po-

reyra, commandant l'un des vaisseaux de la flotte
de Tristan d'Acunha. Frappé par le pompeux
rapport de son lieutenant, l'amiral portugais, qui
était à Mozambique, se rendit promptement à
San-Lorenzo, explora soigneusement la côte occidentale, en dressa des plans, et de la sorte l'île
se trouva à peu près connue. L'avantage n'en
était pas dû qu'à lui seul, puisque Suarez avait
pris le même soin sur la côte opposée, mais Ca-
moëns contribua, dans la *Lusiade*, à généraliser
l'erreur qui, par la suite, attribua exclusivement
à Tristan d'Acunha l'honneur de cette découverte.

II

Voisine de la côte orientale d'Afrique[1], dont
elle est séparée par le canal de Mozambique, la
grande île de Madagascar[2] est comprise entre les

1. La distance est de 85 lieues.
2. Les noms de Madeigascar, d'île Saint-Laurent, d'île
Dauphine, de France orientale, et enfin de Madagascar, lui
ont été donnés successivement.

12° 12′ et 25° 45′ de latitude sud, et les 41° 20′ et 48° 50′ de longitude est.

Elle est située à l'entrée de l'océan Indien, sur la route de la mer Rouge, du golfe Persique, de l'Indostan, du Bengale, des îles de la Sonde; 150 lieues la séparent de l'île de la Réunion (Bourbon), et 170 de l'île Maurice (île de France).

Tout concourt à en faire un des points les plus importants du globe, si la colonisation vient tirer parti de cette admirable position.

Comme on le voit par l'espace compris entre les différents degrés de longitude et de latitude, la longueur de Madagascar est plus considérable que sa largeur, variant de quatre-vingt-cinq à cent vingt lieues; tandis que la première est évaluée à plus de trois cents lieues. La superficie est de vingt-cinq mille lieues carrées, c'est-à-dire de deux mille seulement inférieure à celle de la France.

III

Deux chaînes de montagnes coupent l'île en diverses parties en la traversant du nord au sud, et la plus considérable dont les sommets atteignent une grande hauteur [1], courant nord-nord-est, la sépare en deux régions maritimes à peu près égales. Le point de départ et de partage des eaux entre l'est et l'ouest est déterminé par cette arête principale dont le versant occidental affecte, vers le milieu de l'île, une pente douce qui donne naissance à un immense plateau ; tandis qu'à l'opposé l'escarpement et un rapide abaissement de mille deux cents mètres environ ne sont suivis d'un plateau très-étendu que pour former un nouvel escarpement, au revers duquel se détachent les chaînons et les contre-forts s'avançant jusqu'au littoral. Ces chaînes secondaires, d'abord assez élevées, s'abaissent graduellement jusqu'aux marais qui s'étendent sur la majeure partie de la côte orientale où la zone de sable formée des débris madréporites accumulés par l'action de la mer s'oppose souvent à leur écoulement et devient ainsi une cause de maladie pour l'étranger.

Le premier de ces plateaux, qui constitue la chaîne supérieure, se mesure par environ quatre-

1. Les sommets les plus élevés ont de 2000 à 2400 mètres de hauteur.

vingts lieues de long sur quinze de large et forme
le pays d'Ank-Hove [1], dont la province principale
est nommée Imerne (Émirne). La chaîne se bi-
furque à l'extrémité septentrionale du château
d'Ank-Hove : un de ses bras se dirige vers le
nord-ouest dans le pays des Sakalaves et l'autre
s'avance au nord-est à travers celui des Ant-Sianaks.

Vers le centre de l'île les montagnes portent le
nom d'An-Boïtsmenas (montagnes rouges); quelques géographes leur donnent, en allant du nord
au sud, les divers noms d'An-Bohisteniènes ou
d'An-Quiripy et de Bé-Four ou Bé-Fourne (beaucoup de jonc); mais les habitants des côtes désignent sous celui d'An-Boïtsmenas les principaux
pitons de la chaîne centrale et souvent toute la
chaîne elle-même.

Les plus élevés sont ceux d'An-Karatra au sud
d'Ank-Hove, de Vigagoura au nord d'Ant-Sianak
et de Nataoula au nord-ouest près de Passandava,

---

1. *Ant* signifie *pays de*. Le *t* se supprime parfois ou se
change en *k*. Les naturels ne prononcent pas comme on écrit :
Ank-Hova se dit *Ancove*; *Hova* se dit *Houva*; *Vohémar* se dit
Vouémare; ils disent *Tananariv* pour *Tananarivou*; *Radam*
pour *Radama*; *Ranavaloun* pour *Ranavalona*, etc. La carte
jointe porte les mots tels qu'ils se prononcent.

magnifique baie placée à peu près dans le même
rayon que celle de Vohémare au nord-est.

Vues de la mer, ces diverses montagnes, qui
semblent alors s'étager en trois chaînes graduées,
passent successivement par les différentes nuances
du vert plus ou moins sombre de leurs végétaux
jusqu'à la teinte bleuâtre des nuages dont leurs
sommets se couronnent vers le soir. L'admiration
du voyageur ne peut se refuser à ces grands spec-
tacles de la nature.

IV

Les ramifications qui vont s'abaissant jusque
vers chaque flanc de l'île y décrivent de gracieuses
et pittoresques vallées qu'arrosent et fertilisent de
belles rivières ou de nombreux ruisseaux nés au
pied des montagnes.

Les principaux d'entre ces cours d'eau sont :

1° Sur la côte orientale en allant du nord au
sud :

Le *Manangourou* qui, sorti d'un lac du pays
des Ant-Sianaks, traverse celui des Besmissaras

(Betsimissarakis) et se jette dans la mer en face de l'île de Sainte-Marie ;

L'*Ivoulouine*, dont l'embouchure est à deux lieues au nord de Tamatave, chez les Besmissaras ;

L'*Ivondrou*, qui a la sienne près du même point au sud, et passe entre le pays des Bétanimènes et celui des Besmissaras ;

Le *Vahatri*, le *Raughi* et le *Maoussa*, qui viennent des lacs *Nossé-Bé* (beaucoup d'îles) et *Rasoua-Bé* ;

L'*Iarkou*, navigable pour de légers bateaux dans une étendue de trente-cinq lieues, et nommé aussi An-Dévourante du nom d'un village situé à l'embouchure, au pays des Bétanimènes ;

Le *Mangourou* qui, venu du pays des Ant-Sianaks, tombe dans la mer à Saleki en passant chez les Ant-Atsimous après avoir parcouru dans toute sa longueur l'immense plaine d'Ant-Ankaye. A quarante lieues environ de la mer, le *Mangourou* reçoit un affluent considérable venant du côté du sud et qui, selon les indigènes, peut porter des pirogues durant l'espace de deux journées ;

Le *Mananzari*, qui arrose également le pays des Ant-Atsimous ;

Le *Pharaon* et le *Mananghare* qui, partant de

chez les Ant-Aïbourimous, décrit un parcours assez long.

Le *Managourou* et le *Mangourou*, qui prennent leur source aux mêmes lieux, sont, comme on voit, les plus considérables d'entre les rivières qui se jettent à la côte orientale.

2° Sur la côte occidentale :

L'*Onglaé* ou *Darmouth*, qui se jette dans la baie Saint-Augustin au sud-ouest ;

Le *Ménabé* ou *Ramouninte*, dont le cours se termine dans la baie de Mouroundava.

3° Sur la côte nord-ouest :

Le *Bembatouka*, qui se jette dans une baie du même nom, après avoir traversé le pays des Sakalaves du nord.

L'impétuosité du cours de ces rivières et les nombreuses chutes qu'elles forment après avoir offert des proportions navigables sont un empêchement à leur navigabilité régulière, rendue plus difficile encore en certaines parties par les obstacles qui y sont entraînés, tels que des blocs de pierre ou des arbres gigantesques.

Il arrive même que leurs embouchures sont obstruées par de hauts-fonds ou des barres difficiles, et parfois ensablées par l'action combinée des vents du large et du mouvement de la mer d'orient en occident. Arrêtées alors jusqu'à ce qu'elles aient violemment rompu l'obstacle , elles se répandent en marais insalubres ou conservent en décomposition des matières animales dont les exhalaisons concourent à constituer l'insalubrité du littoral dans la saison la plus chaude et à la côte orientale surtout.

Les travaux que nécessiterait la complète destruction de ces inconvénients seraient considérables à coup sûr, mais on pourrait d'abord se borner à certaines améliorations opérées sur les lieux choisis de préférence, si l'on reportait son action sur cette côte où furent fondés nos anciens établissements. La présence de canaux naturels, séparés les uns des autres par des sortes d'isthmes ou *fangalanes*, qui longent la côte orientale, se prêterait à un système de dispositions simples et primordiales dont les effets contribueraient beaucoup à son assainissement.

V

La description de la plupart des localités de la côte orientale, siége de nos anciens établissements, forme, si l'on peut s'exprimer ainsi, la géographie européenne de cette côte qui du *cap d'Ambre* (au nord), au *cap Sainte-Marie* (au sud), se divise en deux parties bien distinctes, mais à peu près égales en étendue.

Celle qui s'étend de la pointe nord de l'île à la rade de *Tamatave* (Tamas), possède de nombreux mouillages, tandis que l'autre, menée de ce point à *Sainte - Luce* et comprise entre les 18° et 25° de latitude Est du méridien de Paris, n'offre aucun abri où les navires puissent mouiller avec sécurité en dehors de *Sainte-Luce* et du *fort Dauphin*.

Les principaux ports ou rades seront donc indiqués en allant du nord au sud.

Diégo-Suarez (Ant-Ombouk), le plus rapproché du cap d'Ambre et situé par les 12e degré de latitude nord et 47e degré de longitude Est, à cent soixante-dix lieues environ de *Tamatave*, forme une des plus belles rades du monde.

Deux rivières assez importantes pour que l'une soit navigable en bateau pendant quelque temps se trouvent à proximité du port. Elles n'ont, en outre, aucun des inconvénients dont sont affectées celles du reste de la côte. Le littoral est sain, par conséquent, et ce précieux avantage joint à la fertilité du pays, à la possibilité de s'y retrancher promptement, comme à la facilité d'y étendre des relations commerciales avec les autres parties de l'île , doit désigner ce point à une attention particulière et le faire préférer à tout autre, sous le rapport d'un établissement. Les travaux hydrographiques dont il a, d'ailleurs, été spécialement l'objet à différentes époques témoignent de l'intérêt que la France et l'Angleterre y ont attaché naguère.

On doit grandement regretter que les anciens établissements français, au lieu d'être portés plus bas dans l'est, n'aient pas été de préférence fondés sur ce point magnifique où tout concourt à en assurer l'incontestable supériorité. Que de sang et d'or eussent été épargnés ou fructueusement employés s'il en eût pu être ainsi! Mais on n'alla pas plus loin que la baie d'*Antongil* vers le nord, tandis qu'on avait encore, en outre de *Diégo-Suarez*, le *port Louquez* qui en est voisin et dont les avantages peuvent presque rivaliser avec les siens, ainsi que la magnifique *baie de Vohemare* en descendant d'un degré toujours à l'est. Le climat commence pourtant à devenir moins salubre sur ce dernier point. Quoi qu'il en soit, si l'un d'eux avait été l'objet d'un établissement sérieux, la puissance de notre pays, dès lors assise sur ces mers aurait conservé sa supériorité dans l'Inde, et jamais l'île de France n'aurait été perdue pour lui.

La *baie d'Antongil*, qui renferme l'établissement formé en 1774 par le baron Benyousky, comprend le port *Manahar*, à l'entrée de la baie au nord du cap Bellone, le port *Choiseul*, *Louisbourg* et l'île *Marosse*.

Le port *Choiseul* est situé au fond de la baie par 15° 27' 23" de latitude nord et 48° 4' 45" de longitude est. Une rivière nommée Linguebate par les naturels et dont l'embouchure a près de trois cent soixante mètres de largeur, se jette non loin du port qui est sûr et commode. C'est là que s'élevait *Louisbourg*, siége principal de cet établissement.

Située à deux lieues du port *Choiseul*. l'île *Marosse* n'a que trois lieues environ de circuit, mais elle possède deux bons mouillages.

Tintingue est situé presque en face de la pointe nord de l'île Sainte-Marie, petite île de quelques lieues d'étendue, occupée par la France et voisine en cet endroit de Madagascar.

C'est une presqu'île sablonneuse qui tient à la terre par un isthme étroit de trois quarts de lieue de long. Au fond d'une vaste baie, ouverte sur ce point, se trouve un très-beau port complétement

abrité et capable de contenir de nombreux vaisseaux. L'eau et les bois y abondent, mais comme
à la baie d'Antongil et sur les autres points dont
il va être question, on ne retrouve pas la salubrité
de la partie du nord, où sont si heureusement
placés *Diégo-Suarez* et *Louquez*.

La *Pointe-Larrée*, tout proche de *Tintingue*, se
trouve à une lieue environ de la côte ouest de la
petite île *Sainte - Marie* dont nous venons de
parler.

Le commerce du riz était autrefois considérable
sur ce point, qui possède d'excellents pâturages
pour les bestiaux.

Foulpointe (Mavel) nommé *Voulou-Voulo* par
les indigènes, est un bourg commerçant, situé par
17° 40′ 14″ de latitude nord, et par 47° 33′ 15″ de
longitude Est, à dix lieues de Sainte-Marie. Le
fond du port, formé par des récifs qui brisent les
lames, est de onze à douze mètres environ et la
tenue en est bonne, mais la passe est parfois
obstruée par un banc de sable mouvant dont les
vents du sud-est la dégagent.

Tamatave, situé par 18° 11′ 49″ de latitude nord
et par 47° 20′ de longitude Est, a formé le siége d'un
commerce assez étendu, consistant en riz et en
bœufs échangés contre des provenances d'Europe.

Le territoire est fertile, mais l'abri du port n'est pas suffisant d'ordinaire, depuis décembre jusqu'à la fin de mars.

Le fort Dauphin, le plus ancien des établissements français à Madagascar, est placé par 25° 1' 4" de latitude nord et par les 4° 29' 8" de longitude orientale. Il est compris comme *Sainte-Luce* (Mangafia) dans la province d'Anossy.

La rade du fort Dauphin, moins belle que celle de Tintingue, est d'un accès facile. Une jetée, dont la construction serait simple et peu coûteuse, pourrait l'abriter contre tous les vents.

La mousson étant presque constamment du nord-est sur ce point, et favorisant les communications avec l'île Bourbon, ce qui n'a pas lieu sur les autres portions de l'île en remontant la côte, on s'explique le choix dont il fut l'objet à l'époque du premier établissement fondé par M. de Pronis (1644).

Un commerce assez actif s'est fait à différentes époques sur divers autres points de la même côte, tels que *Fénérif*, *Mahéla*, *Mananzari*, etc., etc.

En doublant le cap Sainte-Marie à l'extrémité méridionale de l'île, on rencontre au sud ouest la baie *Saint-Augustin*, fréquentée notamment par les bâtiments anglais et américains; puis en remontant vers le nord, et après avoir dépassé les caps *Saint-Vincent* par le 22ᵉ degré de latitude sud, et *Saint-André* par le 16ᵉ degré de latitude nord, on trouve entre les 44ᵉ et 45ᵉ degrés de longitude ouest, la magnifique baie de *Bombétok*, située dans le golfe de ce nom.

Plus loin, entre les 14ᵉ et 13ᵉ degrés de latitude nord, et par le 46ᵉ degré de longitude ouest, est située la baie de *Passandava;* enfin, plus au nord et près du cap d'Ambre, le port *Liverpool* ou d'An-bavani-bé, etc., etc.

VI

Les rades, les baies, les ports de cette côte, creusée d'ailleurs d'une foule de havres et de criques, la rendent, aussi bien que l'autre, excessivement propre au commerce, qui trouverait dans la colonisation de Madagascar des ressources considérables, énumérées dans une précédente partie de cet ouvrage dont nous ne voulons pas dépasser les proportions. Quelque peu étendues que soient ces proportions, relativement au sujet dont le développement comporterait plusieurs volumes, elles formeront encore un groupe homogène suffisant au but que nous nous sommes proposé.

VII

Nous ne tenterons pas de décrire ici la subdivision en provinces de Madagascar. On est peu d'accord, d'ailleurs, sur les limites des différentes provinces entre elles, et ces limites indiquées à peine par des caps, des baies, ou des rivières, sans distinction de population, sont peu appréciables pour l'étranger. Il ne peut, dès lors, préciser leur étendue en longueur et en largeur. Ses principales indications sont tirées du séjour des principales tribus dont nous nous occuperons dans un autre chapitre (Ethnographie).

Mais il est peut-être utile de placer ici la description du trajet, depuis *Tamatave* jusqu'à *Tamanarive*, la capitale des Hovas, où l'on ne se rend pas en moins de dix jours ordinairement. On va de *Tamatave* à *Ivondrou*, d'Ivondrou à *Amboudiasine* par eau (une demi-heure), d'Amboudiasine à *Taoumar*, de Taoumar à *Ambaraoumbé*, d'Ambaraoumbé à *Vavounou*, de Vavounou à *Andevourante*, d'Andevourante à *Maraoumbé* par eau; de là à *Maramboutre*, de là à *Rananomafana*, puis à *Vatouharana*, à *Impassimbé*, à *Marzevou*, à *Bezour*, de là successivement *aux quatre postes de la forêt*, puis à *Imouramanga*, à *Mangour*, à *Amboudinifidy*, à *Amboudiangave*, à *Nossé-Arrivo*, à *Vatoumanga*, puis à *Bétafo*, et enfin à *Tananarivou*.

Les distances entre chaque point varient de deux à sept heures. On pourrait se rendre plus promptement, mais il faut tenir compte des difficultés du chemin et des fatigues du jour.

MÉTÉOROLOGIE.

I

Madagascar n'offre, comme les autres pays in-
tertropicaux, que deux saisons bien distinctes durant l'année : la *saison sèche* et la *saison pluvieuse*. Des pluies continuelles marquent surtout
les mois de mai, de juin et de juillet; dans le
nord de l'île, au contraire, ces mois sont ceux
d'une sécheresse à peu près constante, et les
pluies ne se font sentir que de novembre en
avril.

Dans la partie orientale, la configuration du
sol donne naissance sur des points peu éloignés

les uns des autres à trois climats bien tranchés. Ainsi, les étages supérieurs jouissent d'un air extrêmement pur et parfois très-vif; la portion moyenne offre une température douce, semblable à celle du printemps, et le littoral se fait remarquer par les inconvénients d'une température humide et chaude, qui, tout en favorisant la végétation luxuriante qui l'embellit, se prête, par cela même, dans l'état actuel des choses, à la continuité des maladies.

La chaleur atteint son maximum à la côte orientale, pendant les mois de janvier et de février. Alors, on y voit monter jusqu'à $37° \frac{1}{2}$, à midi, le thermomètre centigrade qui se maintient durant les autres parties du jour entre $31°$ et $33°$. Il descend parfois à $21°$ et $20°$ la nuit et le matin.

Diverses observations ont donné avec le même thermomètre:

	TINTINGUE.	FOULPOINTE.
Pour maximum............	$28°$	$33°,75$
Pour minimum............	$22°$	$18°,75$

Sans offrir la même diversité de climats, la partie occidentale est également exposée sur la côte à cette chaleur humide accompagnée d'inconvénients à peu près semblables.

Mais des deux côtés leur influence ne s'étend pas au delà de dix à douze lieues à l'intérieur où le sol est élevé, et l'air plus frais et plus rapide par conséquent.

II

Dans tous les cas, ainsi que nous l'avons fait remarquer souvent déjà, la salubrité ne fait pas défaut au littoral de la partie nord où les plateaux sont exhaussés et bien exposés aux brises de la haute mer. Les forêts, suffisamment éloignées du rivage, ne s'opposant pas à la circulation de l'air, les pluies moins fréquentes donnant aussi moins d'étendue aux marais, l'air s'y trouvant conséquemment plus sec, tout concourt à empêcher le climat d'être troublé par aucune maladie endémique ou épidémique.

La température sur les montagnes se ressent de leur élévation, et sur les plus hautes le givre et la gelée blanche ne sont pas rares.

Les vents règnent constamment de la partie
du nord-est sur la côte orientale depuis le fort
Dauphin jusqu'au 22e degré de latitude nord,
mais en mer leur action ne se fait pas sentir
bien régulièrement à plus de dix lieues de la
côte.

En la remontant vers le nord au delà du 22^e
degré, les vents règnent depuis le mois d'avril
jusqu'en octobre du sud au sud-est pendant le
jour, et pendant la nuit du sud au sud-ouest. Ils
varient, durant les autres mois, de l'est au nord-est
durant le jour, et du nord au nord-ouest pendant
la nuit.

III

Les vents atteignent rarement une grande violence et les ouragans que parfois Madagascar
éprouve n'exercent leurs effets que sur une petite
portion du territoire, contrairement à ceux qui
désolent par intervalles inégaux les îles de la Réunion et de Maurice et auprès desquels ils ne sem-
bleraient que des rafales.

C'est encore dans la partie du nord, dont nous

avons énuméré déjà bien des avantages, que ces
ouragans sont plus rares et produisent le moins
de mal.

IV

Dans les plus fortes marées, depuis le *fort
Dauphin* jusqu'au nord sur presque toute la côte
orientale où les *raz de marée* sont assez fréquentes, la mer ne s'élève guère de plus d'un
mètre, tandis qu'elle monte de deux à trois mètres à la côte occidentale.

GÉOLOGIE.

I

Sans être fréquents, des tremblements de terre peu considérales se font parfois sentir à Madagascar. On y retrouve des traces de volcans éteints, dont les effets, en frappant jadis l'imagination des indigènes ignorants et amis du merveilleux, ont donné cours à des légendes de monstres retirés dans les cavernes.

De formation primitive, le sol est généralement d'une extraordinaire fertilité. La présence du basalte, nommé *Zatzi* par les indigènes, est un indice de bonne terre et ceux-ci la recherchent pour leurs cultures. Le granit et le quartz sont, avec le basalte, les pierres qui abondent le plus. D'énormes blocs de quartz ont sans doute donné naissance à l'opinion que le cristal de roche y affectait de grandes proportions ; mais, sans être précisément rare, on ne l'a rencontré jusqu'ici qu'en petits fragments.

II

La plupart des terrains sont composés de gneiss gris à grains fins, de micaschistes et de diorites à grains d'un vert noirâtre. Les granits sont tantôt très-micacés noirâtres à grains fins avec tourmaline, tantôt rosâtres à gros grains et à mica vert.

Au nord, et principalement à *Diégo-Suarez*, on trouve les arkoses à ciment d'oxyde rouge de fer et des grès friables à ciment ferrugineux ; les calcaires magnésiens et des calcaires grossiers ou arénifères durs qui ont de l'analogie avec les espèces des terrains crétacés d'Europe. Les fragments de basalte abondent au sud de *Diégo-Suarez* et confirment la fertilité de ce point.

Les dolérites grises à gros grains indiquent les terrains volcaniques anciens à *Foulpointe* et l'on trouve de grands amas de ponce noirâtre auprès de *Tintingue.*

III

Ainsi qu'il a déjà été dit, dans une autre partie, le fer abonde à Madagascar, où se rencontre aussi du cuivre, du plomb et de l'étain pour ne point parler de l'argent, comme le disent les naturels, ou de l'or, comme certains le prétendent[1].

---

1. Les rivières d'Ivoudrou, près de Tamatave, et de Maoussa, près de Tintingue, roulent des parcelles d'or qui semblent leur donner raison.

ETHNOGRAPHIE.

I

Longtemps avant la relation de Marco Polo, les Arabes qui faisaient un commerce considérable sur la côte orientale d'Afrique et ses îles, s'étaient fixés à la côte nord-ouest de Madagascar, ainsi que dans la partie méridionale. Cet établissement paraît remonter au viie siècle. Flacourt, dans ses Mémoires, a transmis avec de grands détails les traditions gardées par leurs descendants, qui, de son temps, formaient l'aristocratie de la province d'Anossi et des environs. Marco Polo, dans les Mémoires qu'il publia à son retour de la Chine

(1298), établit que, non-seulement les Arabes, mais encore les Chinois étaient en relations avec Madagascar.

Mais avant que les Arabes et les Chinois eussent pénétré dans l'île, elle paraît avoir été peuplée originairement par les nègres d'Afrique, qui se sont alliés plus tard aux Malais venus de l'Inde.

Le type et la couleur noire de la première de ces deux races se retrouvent chez les habitants des côtes, tandis que la couleur cuivrée et les signes caractéristiques de la race asiatique, conservés presque à l'état primitif, se font remarquer parmi les populations de l'intérieur, dont les premiers individus se retirèrent vers les sommets, malgré la différence existant entre ce nouveau climat et celui qu'ils avaient quitté. Mais ils durent y être obligés, autant pour échapper à l'influence du littoral que parce qu'ils en étaient repoussés par les premiers occupants. Dans la suite, des alliances ont contribué à modifier ce dernier type, mais il est surtout frappant chez les Hovas du centre de l'île sur laquelle ils dominent aujourd'hui, sinon par le nombre, du moins par tous les plus exécrables moyens.

II

La population a été très-diversement évaluée.
Flacourt, auquel fût confié le commandement du
fort Dauphin, par suite de ses Mémoires sur « *la
grande isle Madagascar*, » ne la portait pas à
2 millions, et Balbi s'est arrêté à cette évaluation ;
mais le navigateur Rochon, l'ancien bibliothé-
caire de l'Académie royale de marine, en portait le
chiffre à 4 millions. Le révérend Freeman, mis-
sionnaire anglais qui habitait l'île en 1834, a
adopté cette dernière opinion, qui semble maintenant partagée par le plus grand nombre. De 4 à
5 millions est en effet le chiffre adopté généralement. Quoi qu'il en soit, il est certain que la population ne se trouve pas en rapport avec la
capacité de ce pays, qui, par son étendue autant
que par sa prodigieuse fertilité, pourrait supporter
environ 20 millions d'habitants.

Les naturels de Madagascar sont ordinairement
désignés sous les noms de *Malgaches* ou *Madécasses*, dérivés de celui de *Malacassas*, qu'ils

se donnent eux-mêmes, et chacune des tribus a, en outre, son nom particulier.

Généralement les tribus malgaches se divisent en trois classes : les princes, les hommes libres et les esclaves. Ces derniers sont fort nombreux et jamais affranchis. Ordinairement traités avec douceur chez les populations tributaires, ils sont aussi maltraités que leurs possesseurs, lorsque les Hovas, qui les oppriment tous, y trouvent un intérêt.

III

Les Malgaches de la côte orientale sont essentiellement marins et pêcheurs[1], contrairement aux Hovas, qui ne sont descendus que nouvellement vers les côtes.

Les Madécasses sont, en général, robustes, grands et bien faits ; leur vêtement, très-simple (*simbou*), se compose de deux morceaux de toile dont

---

1. La construction des pirogues et des grandes embarcations malgaches est d'autant plus remarquable, que le nombre des instruments de fabrication et les accessoires se trouvent des plus restreints.

l'un entoure les reins en les couvrant, et l'autre
drape le haut du corps. Les hommes qui sont embarqués pour accompagner les bœufs chargés à la
côte, et que l'on nomme *Maremites*, s'habillent
d'une sorte de sarrau en toile grossière pourvu de
quatre ouvertures dont deux pour les bras; c'est
tout.

Les femmes, belles et bien faites pour la plupart,
ont une physionomie singulièrement douce. Elles
se revêtent des mêmes morceaux d'étoffe disposés
en forme de jupe sur les hanches. De plus une espèce de camisole étroite leur couvre en partie la
poitrine. Leurs cheveux, parmi lesquels elles placent des pièces d'or, sont tressés de toutes parts
avec assez d'art et de grâce, s'ils sont longs ; dans
le cas contraire, ce sont de courtes mèches, roides
et d'un fort vilain effet. Recherchant l'amitié des
étrangers, elles se dévouent entièrement à ceux
qui les traitent avec bonté, et leur sont très-souvent
utiles, soit dans les rapports commerciaux, soit en
cas de maladie ou contre les surprises que pourraient tenter les naturels.

IV

Vivant toujours de peu, le Malgache ne trevaille que pour satisfaire aux plus stricts besoins de sa vie habituelle, quoique au contact des Européens il reconnaisse volontiers les avantages du travail et surtout ceux de sa rémunération. Mais chez lui, se bornant à la pratique de quelques arts grossiers, il ne l'étend pas au delà d'une certaine culture peu pénible. Ses bœufs, qui n'ont jamais eu rien de commun avec l'agriculture ou le charroi, lui servent, dans la culture du riz, à piétiner la boue des rizières, pour enfouir les mauvaises herbes, moyen plus expéditif que leur extraction préalable. Ce *labourage* et des soins donnés à quelques autres plantes nutritives forment la majeure partie de l'industrie agricole des Madécasses. Mais, grâce au climat, la nature fait tous les frais de nombreuses et utiles productions dont ils ne songent pas à tirer parti, non plus qu'à s'attribuer la propriété du sol, qu'ils abandonnent périodiquement pour porter ailleurs leurs plantations.

Aussi bien, pourvus abondamment de poissons, de gibier, de bestiaux et de fruits, exempts de toute charge comme de la multiplicité des vêtements, ne connaissant d'autres malheurs que ceux dont les Hovas les frappent, ils laissent leur existence s'écouler paisiblement sous la protection de la nature et le patronage de leurs chefs de canton ou de famille. Ils sont cependant capables de travailler avec ardeur en résistant aux plus grandes fatigues, selon la nécessité ou le caprice des Hovas, et cette disposition leur rend plus doux encore le plaisir de ne rien faire.

V

Néanmoins ils confectionnent avec soin des *pagnes*, fabriqués avec l'épiderme de la feuille du raphia (sorte de palmier), et, dans l'intérieur, des étoffes de soie et de coton quelquefois ornées de fils d'argent. Ils forgent le fer assez habilement et fabriquent une infinité de *sagayes*, sorte de javelots longs de deux mètres et garnis de fer aux deux extrémités, dont ils se servent avec une singulière adresse, qui rend cette arme excessivement meurtrière entre leurs mains[1].

Ils aiment les réunions, les chants et la danse, et, malheureusement, beaucoup trop l'eau-de-vie de canne (arak), qui les conduit à l'ivrognerie poussée à l'excès dans les circonstances les plus solennelles pour eux. De ce nombre, il faut mettre les cérémonies de la circoncision, généralement pratiquée dans l'île, comme celles des funérailles. Ils ont d'ailleurs un grand respect pour leurs morts, qu'ils enterrent dans des caisses de bois précieux, au pied des arbres, dans les endroits isolés des forêts, où chaque famille choisit son champ de repos. Venir troubler ces restes sacrés serait s'exposer à n'être jamais pardonné.

Leur vie n'est point d'ailleurs troublée ou rassurée par la croyance de l'immortalité de l'âme, et sans reconnaître précisément l'existence d'un Dieu protecteur ou ennemi, leur esprit admet la puissance d'un principe favorable sur lequel ils se reposent sans l'implorer jamais, et celle d'un mauvais principe qu'ils cherchent souvent à conjurer par des offrandes ou des sacrifices proportionnés

---

1. Ils en fabriquent de diverses longueurs et s'en servent pour la pêche aussi bien que pour la chasse.

à leur fortune, suivant les circonstances. Leur ignorance les conduit à une foule de pratiques ridicules ou grossières ; ils bravent le tonnerre en l'apostrophant, et tirent des coups de fusil à la lune en cas d'éclipse ; ils pensent la dégager par là du mauvais principe en lutte avec elle, etc....

VI

Chez eux, le mariage n'est jamais consacré par aucune cérémonie, et la polygamie est en usage, mais sans que la jalousie vienne tourmenter le sort des femmes, qui sont généralement heureuses. Ils ont ordinairement deux femmes, la *grande* et la *petite*, selon leur langage. Les mœurs, dissolues chez les filles, sont, au contraire, très-réservées chez les femmes, que l'on voit presque toujours se dévouer entièrement à leurs maris et à leurs enfants, qui, en cas de séparation, suivent celui de leurs parents qu'ils aiment le plus.

La pratique du *serment de sang*, d'une belle inspiration, était autrefois la consécration de leurs sympathies et cimentait une amitié et un dévoue-

ment sans bornes, dont les exigences semblent
être devenues moins rigoureuses aujourd'hui.
Elle consiste dans une légère effusion de sang
opérée sur chacun des deux individus qui s'unissent ainsi, puis le sang est placé sur un mor-
ceau de gingembre que chaque *tatédra* (frère
de sang) avale avec force imprécations contre le
parjure.

Le Malgache pratique l'hospitalité, mais trop
souvent il fatigue l'étranger de ses obsessions.
Agissant avec lenteur, il s'attend au même calme
de la part de l'étranger, qui ne doit s'en départir
dans aucune occasion. Offenser un seul d'entre
eux, dans un village, c'est les offenser tous.

VII

Les uns sont braves et naturellement guerriers;
d'autres sont lâches et cherchent leur vengeance
par des moyens couverts, propres à la ruse naturelle de ces populations; mais à tous une contenance ferme, aidée de moyens de défense,
impose singulièrement. On aime à se rappeler

avec Flacourt l'épisode relatif à treize Français accompagnés de quelques noirs dévoués qui, surpris par six mille ennemis, se résolurent à vendre chèrement leur vie, après avoir, à genoux, imploré le Créateur : « Pendant leur prière, les ennemis les considéraient, jetaient devant eux des bâtons blancs, des œufs couvés, et faisaient mille conjurations et imprécations, ayant cette superstition de croire que, par ce moyen, le courage de ces Français serait diminué, et que même ils demeureraient immobiles et sans défense ; ce qui arriva autrement ; car ils se battirent en retraite, depuis deux heures après midi jusqu'à sept heures du soir, et tuèrent plus de cinquante nègres des plus hardis, qui s'avançaient les premiers, sans compter ceux qui furent blessés en grand nombre. Ils se servirent si à propos de leurs armes, qu'ils ne tirèrent aucun coup de fusil sans effet.... »

Cet exemple fort ancien, confirmé par d'autres nombreux et récents, montre suffisamment que la nature de ces peuples s'est perpétuée dans le même ordre de faits. Seulement, loin d'attaquer les Français, maintenant ils les accueilleraient, au contraire, en libérateurs.

VIII

Les premiers d'entre eux président les assemblées (*kabars*) tenues assez souvent, soit pour rendre la justice, soit pour délibérer sur les propositions d'un étranger, ou toute autre cause d'un intérêt suffisant. Leurs vieillards aux longues barbes, gravement drapés sous les plis du *simbou* national, contribuent à les rendre plus solennelles, et presque toujours le plus grand calme y règne.

C'était là tout leur gouvernement, avant que les Hovas les eussent, pour ainsi dire, réduits en servage, et il leur faut maintenant compter avec ce pouvoir, qu'ils abhorrent et dont les agents *administrent* le littoral.

L'attachement à leur pays est l'un des principaux sentiments qui les animent, et cependant ils n'hésitent pas à le dépeupler par les horribles coutumes du tanghin et de l'infanticide qu'on leur impose. Nous avons dit précédemment en quoi elles consistaient.

Enfin, si les défauts de ces peuples sont nom-

breux, on doit s'étonner que, privés de toute
direction morale, ils possèdent en même temps
des qualités qui honorent leur caractère.

IX

Il serait difficile d'assigner une origine exacte à
la langue harmonieuse et sonore des Madécasses.
On peut seulement dire que les dialectes des diverses populations venues à Madagascar, soit pour
y commercer, soit pour s'y fixer, ont contribué à
la former. Quoique nombreux, les mots employés
ne suffiraient pas, d'ailleurs, à exprimer les idées
de l'Européen, dont l'esprit parcourt un plus vaste
champ dans le domaine de la pensée ou du senti-
ment que celui du Malgache. L'écriture, inconnue
à ces peuples, malgré les anciennes relations des
Arabes, n'a été introduite que depuis peu d'années
à Madagascar, où nul d'entre les indigènes, en y
comprenant même une certaine classe de bardes
ou poëtes qui parcourent l'île en s'y faisant écouter
avec plaisir, ne se préoccupa jamais de conserver
par aucun signe le souvenir du passé.

X

Dans l'usage journalier cependant, et par application aux échanges, ils aident leur mémoire au moyen de marques faites sur des fragments de ficelles de longueur inégale, indiquant les divisions de l'unité représentée elle-même par le fragment le plus long. Ce système se relie à la numération parlée qu'ils tiennent des Arabes, sans doute, et qui exprime tous les nombres depuis 1 jusqu'à 1000. Mais l'appréciation des distances échappe à leur langage, relativement à la mesure. Ils suppléent, par des inflexions de voix ou des répétitions de syllabes, à l'absence de mesure pour indiquer les intermédiaires entre une chose proche ou éloignée.

Quant à la durée diurne du temps, ils l'apprécient par la hauteur du soleil à l'horizon, et la divisent en huit parties depuis *magnenoun ni akoo*, qui est le chant du coq, jusqu'à *arrivariva patoukal*, la grande nuit. Ils connaissent approximativement la durée de l'année, qu'ils

partagent en douze lunes de trois phases, et
chaque lune est divisée en semaines de sept jours,
qui sont : *alahadi, alatsinain, alatalata, ala-
roubia, alakamissa, alatsouma* et *alatsaboussi* :
dimanche, lundi, etc. Ils n'ignorent pas l'influence des phases de la lune sur les marées, et
s'orientent au moyen des quatre points cardinaux,
qui sont *avarats* (nord), *atsimou* (sud), *atsignana*
(est), *ankanreffa* (ouest).

XI

Leurs chants, modulés sur un rhythme lent et
uniforme, sont doux et monotones, et plaintifs
plutôt que gais : ils parlent alors aux morts et
aux absents, aux rayons de la lune, aux vents ou
à l'ombre des forêts.

XII

Nous ne nous occuperons pas des assertions
qui, vers une époque reculée, propagèrent la

fable des Kimos, peuple de nains existant, disait-on , dans une certaine partie de l'île, non
plus que de celles prêtant aux Grecs et aux Ro-
mains la connaissance de Madagascar.

Ce qu'il importe le plus de savoir, c'est que les
traditions de l'ancienne occupation française,
maintenues par les rapports commerciaux, ont
laissé sur ce grand territoire des germes dont une
colonisation nouvelle et bien entreprise feraient
très-heureusement ressortir les effets. Les notions
de nos usages et de la langue française y sont répandues généralement, et n'attendent, pour changer la face des choses, qu'une manifestation soutenue de la part de la France.

XIII

Les peuples qui habitent Madagascar peuvent
être divisés en trois classes principales :

1° Les *Hovas*[1], représentants de la race malaise;

2° Les *Malgaches* purs (Madécasses), qui of-

---

1. Les indigènes prononcent *Houvas*.

frent des caractères physiques et moraux tout différents;

3° Les *Sakalavas*, qui sont d'origine mélangée, et chez lesquels domine le type cafre, tout en laissant ressortir le caractère arabe et le caractère malgache.

Après avoir généralisé les notions qui concernent les peuples madécasses, nous nous occuperons maintenant et d'une manière toute spéciale de leurs oppresseurs.

XIV

I. LES HOVAS.

Les Hovas, qui portent le surnom d'*Amboua-Lambrou* (moitié chien et cochon) furent longtemps un objet de mépris pour les autres tribus. Mais retirés au centre de l'île, sur les hauteurs du plateau supérieur, ils demandèrent aux ressources que leur origine asiatique avait mises en eux, ainsi qu'à un travail plus habile et plus soutenu afin d'obvier aux défauts du sol ou du climat, les forces dont ils furent privés d'abord pour étendre leur domination sur ceux qui les repoussaient.

Le plateau qu'ils occupent couronne la chaîne centrale et forme le pays d'Ank-Hova, sur le versant occidental où le sol, moins montueux à mesure qu'on s'éloigne du point culminant, s'étend en vastes plaines. Le travail et l'activité de la population les couvriraient de richesses, si la végétation n'était contrariée, surtout dans la portion centrale, par la hauteur et la mauvaise qualité des terrains. Les plaines inférieures, dont les champs s'engraissent aux dépens des parties plus élevées où le déboisement laisse les pluies entraîner la terre végétale, sont couvertes de villages et de champs de riz. Leur culture est bien entendue, ils savent élever l'eau pour suppléer, par des irrigations, aux lieux humides que demande le riz, et ils savent ameublir, assoler et engraisser leurs terrains où travaillent de nombreux esclaves dont ils firent longtemps trafic avec les étrangers.

Placés dans les conditions les moins favorables sous le rapport du sol et de l'éloignement des côtes, qui leur étaient hostiles d'ailleurs, et ne voulant pas se réduire aux seuls produits de l'industrie locale, leurs chefs demandèrent à la guerre, lorsqu'ils se sentirent assez forts, les moyens d'é-

change qui leur manquaient pour traiter avec les
étrangers. Leurs villages furent stratégiquement
placés sur les hauteurs et leurs champs entourés
de fossés, afin de se garantir contre les surprises ;
puis de temps à autre, ils se livrèrent sur les territoires voisins à des incursions qui leur fournis-
saient des prisonniers vendus ensuite.

XV

Le district d'*Emirne* (*Imerne*), pays des Hovas
proprement dit, est placé entre les 16ᵉ et 19ᵉ pa-
rallèles, et renferme 150 000 habitants environ.

Tananarivou[1], la capitale, est située dans ce
district, le plus riche de tous, par 18° 54′ 40″ de
latitude australe, et par 45° 30′ de longitude
orientale. Bâtie à la cime d'une aride montagne
dont la crête s'abaisse vers la campagne, au nord-
ouest de la ville, elle est traversée du nord au
sud par une rue longue, mais étroite. Les mai-
sons qui bordent cette rue sont la propriété des
habitants les plus riches, celles des autres sont

1. 15 000 habitants environ.

XVI

Les Hovas sont bien pris dans leur taille, forts et agiles ; ils ont de beaux yeux, le nez droit, mais un peu aplati, les pommettes saillantes et de grosses dents avancées à la mâchoire supérieure. Leur couleur varie entre le brun foncé, l'olivâtre et le noir.

Mais si le type malais s'est conservé au physique, c'est au moral surtout qu'il est resté profondément gravé. Lâche s'il ne se croit le plus fort, âpre au gain autant qu'avide et cruel, habile à s'instruire, le Hova se surpasse encore sous le rapport de la ruse et de la perfidie : leur diplomatie, qui s'inspire de cette disposition naturelle, a toujours été supérieure à celle des Européens qui ont jusqu'à présent lutté avec eux, soit par les transactions, soit par une force insuffisante.

De même que les Spartiates élevaient autrefois leurs enfants à supporter sans les trahir les plus grandes douleurs, de même aujourd'hui les Hovas enseignent à leurs enfants l'usage de la fourberie dès l'âge le plus tendre. Chez eux d'ailleurs l'astuce et la fourberie sont les signes évidents d'une organisation supérieure. Leur religion consiste spécialement dans l'adoration de certaines idoles.

XVII

Ils forgent le fer presque aussi bien que les Européens, et possèdent, sous la direction d'un Français, une fabrique de fusils où se fondent aussi quelques canons. Le gouvernement de Maurice, après 1815, leur envoya divers ouvriers qui les formèrent à différentes professions, et plusieurs jeunes gens furent conduits à Maurice et élevés parmi les troupes. De là et des écoles à la Lancastre, fondées par les missionnaires, sont sortis leurs officiers et même leurs musiciens ; car ils possèdent une assez bonne musique militaire.

Les femmes de la classe riche s'habillent avec luxe et à l'européenne, et les hommes portent des armes richement ornées avec de brillants costumes d'officiers.

Les rangs sont divisés en *honneurs* depuis 1 jusqu'à 13. Les individus qui les obtiennent portent donc le titre de premier, deuxième, troisième *honneur*, etc.

Ils ont une sorte de gouvernement représentatif avec une ombre de sénat ; mais, en réalité, le despotime exercé par l'un des favoris de la Reine actuelle est la véritable autorité qui soumet l'île aux plus détestables excès.

Leur domination s'étend aujourd'hui du fort Dauphin au sud-est, à Mouzangaï au nord-ouest, où ils n'ont pu soumettre encore les Sakalavas, et partout ils ont placé leurs agents, qui pressurent les populations et surveillent les étrangers ; mais, quoique l'Angleterre affecte de donner le titre de Reine de Madagascar à Ranavalona, la veuve de Radama, duquel nous allons parler, jamais la France, dans ses rapports avec elle, ne l'a qualifiée autrement que Reine des Hovas.

XVIII

La province d'Ank-Hova ne fut pas toujours réunie sous une seule domination ; plusieurs chefs issus d'une même famille y partagèrent le pouvoir. Aussi loin qu'on puisse remonter on voit *Andrian-Massounaval*[1] partager la contrée entre ses quatre enfants, ce qui donna lieu à de sanglants conflits augmentés par le désir de faire des prisonniers. Plus tard, au commencement du xixᵉ siècle, la province fut de nouveau réunie sous l'autorité d'un descendant de l'un d'eux qui fit la conquête d'Emirne. Celui-ci, du nom d'*Andrian-Anpoüen*, se préparait à porter plus loin ses armes, et déjà l'escarpement oriental qui le séparait du pays d'Ankaye avait été franchi, lorsque la mort le surprit. En mourant, il désigna pour successeur son fils *Radama*, dont les aptitudes guerrières l'avaient charmé, au détriment de ses aînés, issus d'une autre mère. Ce choix provoqua des troubles, mais Radama les fit cesser en ordonnant un massacre à peu près complet de sa famille, puis il se disposa à continuer l'œuvre de son père, auquel il succédait, en 1813, à l'âge de dix-huit ans.

En moins de quatre ans ses conquêtes s'étendirent jusque sur les bords de la mer, sans que son armée s'élevât à plus de 8 à 10 000 hommes[2].

---

1. *Andrian* est la qualification de *prince*.

2. L'armée proprement dite des Hovas ne s'élève guère à plus de 40 000 hommes actuellement.

XIX

Les aptitudes de Radama, supérieures à celles de son peuple et à son époque, furent encore servies par un singulier concours de circonstances qui, tout en différant les unes des autres, favorisèrent ses projets et l'accroissement de sa domination.

Un certain Robin, homme aventureux et assez bon soldat, qui désertait en 1816 la garnison de Bourbon, où il était sous-officier, se rendit auprès de lui. Bientôt le crédit de cet homme fut considérable, et son premier soin fut de former les Hovas au maniement des armes. Il organisa leur armée à l'européenne en y introduisant les grades connus (plus tard changés en *honneurs*), depuis celui de caporal jusqu'au titre de général, et prit pour lui le bâton de maréchal.... du palais. Ces troupes ainsi formées furent d'un grand secours à Radama, qui trouvait peu après de bien plus puissants auxiliaires.

XX

En effet, sans vouloir ici raconter les intrigues multipliées dont Madagascar fut le théâtre à cette époque et dont notre expulsion finale fut le résultat, après avoir rendu cruellement victimes de leur attachement à notre cause les tribus des Bétanimenas et des Bessmissaras, il nous est impossible de passer sous silence le système politique suivi par l'Angleterre, alors que la France, reprenant ses projets sur Madagascar, avait réoccupé plusieurs points de la côte orientale.

Le gouverneur de Maurice, sir Farquhar, qui avait tenté vainement un essai de colonisation au port Louquez, où les Anglais furent massacrés par la population révoltée de leurs injustices, s'obstinait, malgré l'échec également subi par son interprétation du traité de Paris dont nous avons parlé antérieurement, à considérer Madagascar comme une terre sur laquelle la France n'avait aucun droit à exercer. Sir Farquhar était d'ailleurs un homme habile et agissait dans l'intérêt de son gouvernement, dont il seconda merveilleusement les vues.

Informé qu'il existait dans l'île un souverain despote et ambitieux, il résolut de se l'attacher en servant son désir de conquêtes et en mettant à sa disposition les ressources de la civilisation pour étendre son pouvoir sur l'île entière. Il créait ainsi des prétentions indigènes rivales des droits de la France, et c'était où tendaient ses efforts.

Cachant ses projets sous les apparences d'une œuvre philanthropique, l'abolition de la *traite*, il fit à Radama des ouvertures qui, repoussées d'abord, furent acceptées par le traité du 23 octobre 1817, renouvelé en 1820, et où Radama était qualifié Roi de Madagascar. On lui assurait, pendant six ans, un revenu annuel de 200 000 francs et de riches présents de toutes sortes.

A tous leurs mérites, les Anglais joignent celui de savoir employer à propos l'argent et son influence.

Des missionnaires anglais furent envoyés à Ank-Hova comme *instituteurs primaires*, et en 1820 un agent du nom d'Hastey, homme d'intrigue et très-entreprenant, fut accrédité auprès de Radama, qui reçut aussi deux sergents pour exercer les troupes. Robin, qu'on ne rappela qu'après la mort d'Hastey, fut disgracié, et nous avons déjà dit ailleurs ce qui survint depuis sur la fin de juin 1822. Le meurtre, le pillage et l'incendie furent, à diverses reprises, portés sur le territoire de la France à la côte orientale où les vexations les plus insignes n'ont cessé depuis d'être infligées au commerce français attiré — *malgré tout* — par les richesses de Madagascar.

XXI

Malheureusement l'administration de Bourbon, alors et depuis, ne sut pas ou ne voulut pas voir clair dans la situation et imposer aux Hovas, sinon à l'Angleterre, par une attitude ferme et tranchée. D'ailleurs à cette époque, mille intrigues locales ou générales dont le développement demanderait de nombreuses pages se croisaient de toutes parts et portaient les plus funestes coups à l'autorité de la France, dont les vues n'étaient pas secondées. Ce sera toujours une faute grave de subordonner la colonisation de Madagascar à l'autorité de l'île de la Réunion. Là où se trouve un antagonisme d'intérêts, la colonie naissante doit succomber. Un homme doué d'une organisation supérieure avait parfaitement compris et exposé le véritable état des choses, mais la mort vint le surprendre au début de sa carrière, en 1826[1].

Mais nous ne voulons pas reprendre l'histoire de Madagascar, à laquelle se lie dès lors celle des Hovas. Nous nous bornerons à laisser parler un instant le Révérend Freeman qui, après avoir rappelé les circonstances des relations anglaises et Hovas, dit : « Ces circonstances conduisirent à l'adoption de divers moyens pour fortifier et étendre le pouvoir de Radama dans l'île ; parmi ces moyens et en première ligne on voit figurer la formation d'une armée de naturels sur le modèle européen. Environ 2000 hommes furent ainsi disciplinés : les habillements, les armes et les munitions furent fournis en exécution du traité passé avec ce prince.... Radama mourut en 1828, bien profondément et bien justement regretté.... »

Sans doute les malheureuses populations mises en coupes réglées eurent des regrets moins vifs

---

1. M. Albrand, originaire de Marseille et colon de Sainte-Marie, où il exerça le commandement par intérim.

que ceux des agents de l'Angleterre auxquels Madagascar promettait alors de devenir une succursale de l'Inde.

XXII

La mort surprit Radama à l'âge de trente-trois ans environ. Quoique bien jeune encore, il était déjà vieilli singulièrement par les débauches de toute sorte, et les opinions qui lui attribuèrent une mort violente ne sont pas fondées.

Ainsi finit ce despote qui pourtant n'était pas sans quelques qualités, et, malgré la duplicité des Hovas, tout porte à croire que, s'il se fût trouvé placé sous l'influence d'inspirations d'une autre nature, il eût pu, tant son empire était fort sur les populations, faire faire un grand pas à la civilisation.

XXIII

Nous avons dit précédemment les circonstances de l'avénement de Ranavalona, l'une des femmes de Radama, dont la mère, la sœur, le beau-frère, un des neveux et les cousins furent à leur tour impitoyablement massacrés. Un seul neveu, Ramanéta, put s'échapper et gagner l'île d'Anjouan, dont il détrôna le sultan pour prix de son hospitalité. C'était, comme on voit, un véritable Hova. Souvent il fit des ouvertures à l'administration française pour être aidé à changer l'état de choses à Madagascar, mais il est mort sans les voir accueillies.

Depuis l'avénement de Ranavalona, que lui valurent ses idées rétrogrades connues, la politique Hova, sous l'impulsion de divers favoris qui se sont succédé, tendit sans cesse à l'expulsion des étrangers.

Nous ne reprendrons pas le narré des événements indiqués déjà, mais nous voulons terminer cet aperçu par le récit du traitement infligé aux naturels, qui s'étaient déclarés pour la France, durant l'expédition de 1829. Ces gens, au nombre de 4000 environ, pour se soustraire à la vengeance des Hovas, se portèrent de Madagascar sur l'île Sainte-Marie, en 1831, après l'évacuation de Tintingue : peu après, cependant, les promesses des émissaires de Ranavalona les ayant engagés à rentrer, on apprit que la plupart avaient perdu la la vie ou la liberté. 2000 seulement revinrent à grand'peine à Sainte-Marie.

Enfin, pour achever au sujet des Hovas [1], nous allons reproduire les termes d'un excellent travail, publié par les *Annales maritimes*, il y a quelques années.

« Plus intelligents et surtout plus rusés que les Malgaches, les Hovas, habitants de la province d'Ankove, sont devenus, sous la conduite d'un chef supérieur et avec l'aide des Anglais, le peuple dominant de l'île. Un moment on a pu croire qu'ils seraient parvenus à affranchir Madagascar de la tutelle d'une race étrangère, et à y fonder une nationalité distincte; mais leur politique n'a pas répondu à leurs prétentions. Trop faibles en nombre pour pouvoir absorber toutes les autres peuplades malgaches, au lieu de chercher à se les assimiler par la bienveillance et la perspective de l'intérêt commun, les Hovas n'ont profité de leur supériorité momentanée que pour *les asservir* et *les exploiter. Aussi le pouvoir des Hovas est-il odieux aux vaincus, qui ne sont retenus sous un*

---

1. Nous sommes loin d'indiquer, dans ces notes, tous les faits que comporterait leur développement, auquel nous nous arrêterons peut-être un jour.

joug qu'ils détestent, que par la crainte et le man-
que d'union entre eux.

Au sud de Ank-Hova se trouvent les *Andrant-*
sayes, peuplade faible et nomade, qui a coutume
d'acheter la paix des Hovas en leur offrant des
tributs consistant principalement en troupeaux.

II.   LES MALGACHES PURS.

Avant de parler des Hovas, nous avons généralisé les notions qui concernent les Malgaches.
Le type que nous avons dépeint est, à peu d'ex-
ceptions près, celui qui caractérise les individus
dont se compose la grande famille madécasse. Les
modifications qui peuvent se remarquer dans les
tribus envisagées isolément ne sont que les détails
de l'exécution, si l'on peut ainsi parler : le fond
reste le même; et si ces peuples n'ont pas su
réunir leurs forces pour écraser les quelques cent
mille hommes formant l'ennemi commun, ils n'en
sont que plus semblables encore par le malheur
de tous.

Les diverses tribus malgaches sont assez nombreuses; on trouve à l'extrémité de l'île, où surgit
le cap d'Ambre :

Les *Antavarts* (ou peuples du nord, du tonnerre d'après une autre version), qui habitent la
partie septentrionale, depuis le cap d'Ambre jusqu'aux environs de Foulpointe. Les baies de
Diégo-Suarez, de Louquez, de Vohémare, d'An-
gontsi et d'Antongil s'ouvrent sur leur territoire,
que la nature s'est plu à favoriser. Cependant ils
sont peu habiles à tirer parti de la fertilité du sol
et de la richesse du climat. Moins avancés dans la
voie de perfectionnement que les tribus dont les
territoires sont placés au-dessous du leur à la côte
orientale, et dont les rapports avec la France ont
été plus fréquents, ils s'adonnent moins à la culture et soignent moins les détails de leur existence. Il faut tenir compte cependant de leur industrie, qui produit de fort beaux pagnes renom-
més dans le commerce de la côte.

Les *Besmissaras* ou Bé-tsi-missarakis (beaucoup de peuples unis) sont placés au sud-est des
Antavarts, et habitent la côte orientale depuis
Foulpointe, qu'ils nomment Voulou-Voulo ou
Voulouïlou, jusqu'à Ivondrou et au lac Nossé-bé.
Tamatave est leur chef-lieu. Nous avons déjà vu
que cette portion de la côte avait été la plus fréquentée par les Européens, même après la cessa-
tion des établissements français qu'attestent en-

core d'impérissables souvenirs et que rappellent toutes les aspirations locales.

Les Besmissaras sont les plus beaux hommes de Madagascar; leur physionomie est intelligente et expressive, et la douceur de leurs grands yeux charme trop l'étranger, qui ne devra jamais oublier d'être en garde contre la ruse naturelle aux Madécasses (comme à la race noire d'ailleurs). Leurs défauts importants sont la passion des liqueurs fortes, et trop de faiblesse ou de mobilité dans le caractère. Ils ne comptent pas assez sur eux-mêmes dans le combat, et les Hovas en sont trop facilement devenus maîtres. Quant à la réputation qu'on leur a faite d'être enclins à la rapine, on peut supposer, et non pas sans motifs, qu'ils ont été plus souvent trompés que trompeurs. Nous parlons, bien entendu, de la majeure partie de cette population, qui s'identifia long-temps avec les intérêts de la France, qui par cela même est devenue très-cruellement victime des fureurs hovas, et non pas de quelques individus dont on aura pu trouver l'occasion de se plaindre.

Les Besmissaras ont leur histoire, qui n'est pas sans intérêt; mais nous avons hâte de terminer ces notes, et de nouveaux détails y prendraient trop de place.

Les *Bétanimènes* (peuples de la terre rouge) se trouvent au sud des précédents. Comme eux d'ailleurs, ils furent les plus fidèles à l'autorité de la France, dont ils n'ont pas encore oublié les traditions. Comme celui des Besmissaras, leur territoire fut aussi le théâtre des événements divers ou des intrigues nombreuses qui forment l'histoire européenne de Madagascar, et les Hovas ont également signalé contre eux les effets de leur politique funeste.

Ce territoire, qu'arrosent et fertilisent de nombreuses rivières, s'étend jusqu'aux rives du Mananzari, dont l'embouchure est voisine d'*Andévourante*, leur chef-lieu.

Comme les Besmissaras, ils sont marins et pêcheurs, mais sans oser s'attaquer aux fortes baleines, que les Américains viennent y chercher. Ils se bornent à prendre les plus petites, depuis le mois de juillet jusqu'en septembre, époque choisie par ce cétacé pour fréquenter le canal de Sainte-Marie, et les baleineaux dont ils s'emparent ne dépassent guère sept ou huit mètres.

Les Batanimènes forment la plus sociable entre toutes les autres tribus.

Celles qui, depuis Mananzari jusqu'à la baie de Saint-Augustin, habitent la partie méridionale sont désignées sous le nom collectif d'*Ant-Atsi-mous* (peuples du sud).

Les individus qui les composent sont, pour la plupart, moins bien doués que ceux dont nous venons de parler, plus pauvres et moins mûrs pour la civilisation. Les *Antaïmourous*, les *Antaïfoussines* et les *Antaïnoussi*, qui habitent la partie de la côte située au nord du fort Dauphin, sont soumis aux Hovas, comme les Antavarts, les Besmissaras et les Bétanimènes. Quelques autres tribus leur résistent parfois encore dans cette portion de l'île, où les Arabes ont laissé des mœurs plus fières : ce sont les *Taïssambes*, les *Antambassis*, qui vont de Sainte-Luce à la vallée d'*Amboule*, et dont *Siangourih* est le chef-lieu; les *Machicoras*, les *Ampatris*, etc. Leurs contrées sont peu cultivées, mais riches en bois, en pâturages et en troupeaux.

Les *Buques* habitent la province de la baie Saint-Augustin (Siveh). Ils sont hospitaliers, mais plus familiarisés avec les bâtiments anglais et américains qu'avec ceux de la France.

Les *Eringdranous* sont les plus puissants entre les nations avoisinant la baie de *Mouroundava*, sur le canal Mozambique.

Les Malgaches désignent, sous le nom d'*Am-*

banivoulous (du pays des bambous) les habitants des hauteurs où les bambous croissent en abondance, et certains géographes ont fait à tort une nation particulière des tribus qui occupent ces positions.

Celles qui se trouvent à l'intérieur de la portion orientale, entre le château d'Ankhova et les peuples plus rapprochés des côtes, sont :

Les *Betsiléos*, entre les Hovas et les Antatsimous ;

Les *Ambourimous*, au nord de ceux-ci et à l'est des Betsiléos ;

Les *Bezaungzaungs* (Bézaonzons), qui sont une fraction des Ant-Ankayes et sont placés au nord des Ambourimous. Les montagnes *Manendé* les séparent de la province d'Emirne, et ils ont pour voisins, à l'est, les Besmissaras et les Bétanimènes. Les plaines des *Ant-Ankayes*, arrosées dans toute leur étendue, sont fertiles et couvertes d'immenses troupeaux; ceux-ci noircissent leurs dents, allongent leurs oreilles, enduisent leur corps de graisse de bœuf, et se sont faits les bêtes de somme des Hovas pour être dégagés du service militaire.

Les *Ant-Sianaks*, qui luttèrent longtemps pour leur indépendance, au contraire, ont à l'est les

Besmissaras et les Antavarts ; à l'ouest, les pusilla-
nimes Ant-Ankayes et les cruels Hovas ; au nord,
les Sakalavas. Au courage et à la force, les Ant-
Sianaks unissent une grande opiniâtreté.

III. LES SAKALAVAS.

Les *Sakalavas* (chats longs, *maratis*) habitent,
sur la côte occidentale de Madagascar, la portion
comprise entre la baie de Mouroundava et les environs du cap d'Ambre : on les divise en Sakalavas de l'ouest, qui s'étendent parfois jusqu'à la
baie Saint-Augustin, et Sakalavas du nord.

Radama, qui avait échoué constamment dans
ses tentatives contre eux, jusqu'en 1824, et qui,
par ce motif, sans doute (d'après la fourberie
hova), était devenu le gendre de *Ramittra*, roi des
Sakalavas de l'ouest, parvint à s'emparer alors de
leur chef-lieu, Bombetok (Benbatouka), très-fré-
quenté par les Arabes.

Les Hovas ont fait de vains efforts pour asservir
les Sakalavas, qui furent longtemps la nation do-
minante. Loin de les abattre, les maux de la guerre
n'ont contribué qu'à les rendre plus farouches et
plus hostiles encore à cette domination. On doit

regretter qu'à différentes époques ils aient vu le drapeau français faire cause commune avec leurs oppresseurs; mais ce fut du moins à l'insu de la France, qui pourrait trouver en eux de rudes auxiliaires, si, reprenant en main ses droits et la cause de la civilisation, le gouvernement voulait sérieusement que Madagascar devînt pour Elle ce que l'Inde est à l'Angleterre.

Voir Flacourt, Rochon, Legentil, Buckland. *Transact. of the geolog. soc. of London.* 1820. — Les missionnaires anglais et le Révérend J. J. Freeman. Le *Précis sur les établissements français formés à Madagascar*, imprimé en 1836 par ordre de l'amiral baron Duperré, alors ministre de la marine; enfin les estimables travaux (1840) de MM. de Froberville, Laverdant, etc.

BOIS, CULTURES, ANIMAUX

ET COMMERCE.

Parmi les richesses forestières que le nombre et l'étendue rendraient difficiles à classer, on peut citer avec les indigènes :

Les *nantous* (nattes à grandes et petites feuilles, — Labourdonneïa) et leurs variétés ; *nantouzaha*, qui croît dans les forêts du littoral, et *vouharantrou*, qui s'élève sur le bord ;

Le *yntsi*, bois dur et incorruptible, analogue au *tek* de l'Inde.

D'autres, tels que l'*endramenas*, le *souhkine*, etc., etc., sont également remarquables par leur dureté, et propres aux constructions civiles, qui trouveraient en abondance le bois de fer (stadtmannia sideroxylon) et une foule d'essences diverses de qualités différentes.

Entre ceux qui se prêteraient aux constructions navales, il faut placer :

L'*azign* (arbre à huile, dont la graine torréfiée produit une sorte de graisse bonne à manger; *chrysopia fasciculata*, *thouinia mauritiana*). Il s'élance verticalement à une hauteur considérable;

Les *vinktans* blancs et rouges (*tatamakas*, *calophyllum spectabile*), qui sont aussi très-droits et de première grandeur. Ils croissent dans les marais et sur les montagnes.

Le *tsaré*, le *fouraha* et diverses autres essences concourraient également à créer de véritables richesses navales.

Les bois de teinture sont nombreux également comme ceux d'ébénisterie.

Entre les différentes espèces générales, nous énumérerons :

Le palmiste (*aresca lutescens*), le latanier (*latania borbonica*), le mapou (*cissus mapia*), le vacoa (*pandanus*), le manglier (*rhizophora mucronata*), le bois d'ébène (*diosphyros ebenum*), le bois de cannelle (*calyco daphne dysoxylon*), le bois d'olive (*elædendron orientale*), le bois colophane (*colophonia mauritania*), le bois cendré (*sideroxylon cinereum*), le benjoin (*terminalia mauritania*), le

filao (*casuarina equisetifolia*), les raphias, sorte
de sagus, les cocotiers, etc., etc. [1]

1. La vigne dont nous n'avons point parlé se prêterait,
nous n'en doutons pas, dans les terrains propices, à la plus
heureuse culture, comme au *cap de Bonne-Espérance*. Nous
ne nous rappelons pas sans plaisir (de même que les fruits
d'Europe retrouvés aussi à *Sainte-Hélène*) les vastes champs
de vignes s'étendant de chaque côté de la route suivie pour
nous rendre de *Table-Bay* à *Constance*, emporté par quatre
superbes chevaux du Cap que conduisait un excellent *cab-
man Hottentot*.

Parmi les *crus* de Constance, nous recommandons aux
amateurs de vins exquis le *Frontignac* et le *Pontac* de
M. J. P. Cloete comme les *Red* et *With Constantia* de
M. Colyn. Si jamais ces lignes allaient sous les yeux de ces
messieurs, nous les prions d'y voir la nouvelle expression
de la gratitude inspirée par leur accueil si cordial sur les
magnifiques domaines de Constance, — où fleurissent en
pleine terre les camelias de cinq mètres de hauteur.

Pour donner une idée de la puissance de végétation ac-
quise par la vigne sous ces latitudes, qu'on nous permette de
citer un fait quoique personnel. C'était à Bourbon où nous
fîmes greffer du muscat sur un pied de treille de qualité mé-
diocre. Le cep, qui avait deux mètres un quart environ de
hauteur, se bifurquait à l'extrémité supérieure et recouvrait
de ses rameaux une treille de huit mètres de longueur sur
cinq de largeur à peu près : la résection de tout le bois fut
faite à la bifurcation, et la greffe pratiquée avec soin sur
chacune de ses deux branches. Trois mois après, la majeure
partie de la treille était recouverte et — malgré les convoitises
de charmants petits lézards de nos amis — nous offrions de
délicieuses grappes de muscat mûries et dorées comme on en
voit peu. Mais ce n'est pas tout, dans l'espace de neuf mois

Parmi les animaux les plus utiles à l'homme,
nous indiquerons :

Les bœufs à bosse (*zebu-bosindicus*), qui servent
à l'alimentation de Maurice et de la Réunion.

environ notre vigne avait porté deux fois ; malheureusement
la seconde récolte fut atteinte par l'*oïdium*, dont nous obser-
vions les effets tandis qu'il se déclarait en France. Le cep
n'était pas aussi gros que le bras et la terre n'était pas de
première qualité. Quant aux deux récoltes, on sait que les
treilles produisent deux fois l'an à Bourbon. Les raisins de
Saint-Paul, entre autres, sont fort estimés et le méritent.

La vigne bien cultivée à Madagascar prospérerait de la
même façon, et n'y ferait-on qu'un vin semblable au vin ordinaire du *Cap*, on aurait encore un produit analogue au
Madère.

Puisque nous avons parlé des chevaux du cap de Bonne-
Espérance nous voulons exprimer aussi notre opinion sur
l'acclimatement et la reproduction d'une race analogue, à
Madagascar. Elle s'y développerait au sein de cette nature
privilégiée de même que celle du Cap ou comme celle des
Pampas de l'Amérique. Et n'en déplaise aux illustrations du
Stud-Book, ces bêtes du Cap font d'excellents chevaux de
main et de course comme de trait. Notre avis sera partagé
de ceux qui, comme nous, auront connu et monté « *Fire-
Away* » (à notre ami M. H. Adams de Maurice) si souvent
vainqueur aux courses de Maurice, en battant facilement des
coureurs anglais et français fort cher achetés. Rien n'égalait
la vivacité, la force de jarrets et la souplesse d'actions de
cette superbe bête, si ce n'est l'ampleur de sa poitrine ; mais
comme il n'y a rien de parfait en ce monde, elle avait le défaut de frapper au *montoir*. On nous offrait au Cap de fort
beaux chevaux pour six ou sept cents francs.

On remarque trois variétés de l'espèce : le *bouri*, qui est sans cornes, celui dont les cornes sont pendantes, et le zébu ordinaire. Dans les bons pâturages, quelques-uns pèsent jusqu'à 450 kilogr. ;

Les chiens, les chats, les cochons et les sangliers ;

Une variété d'ânes, et surtout les moutons à grosse queue, analogues à ceux du cap de Bonne-Espérance, et dont la chair est excellente.

On rencontre beaucoup de petits quadrupèdes, et entre autres :

Les makis (*lemur*), qui s'apprivoisent facilement et sont alors les plus gracieux animaux du monde ; nous regrettons encore celui que nous avons possédé. Mais, à l'état libre, ils nuisent aux récoltes ;

L'aye-aye (*sciurus madagascariensis*), dont les mœurs sont toutes particulières, et qui devient d'ailleurs plus rare ;

Le rat musqué, le tandrac, et une espèce de chauve-souris gigantesque (vampire) d'un goût très-délicat, etc., etc.

Les volatiles et le gibier sont excessivement abondants, comme le poisson ; mais on rencontre parfois le caïman dans les lacs et les rivières.

De gros serpents à peu près inoffensifs, des lézards et des caméléons forment là famille des reptiles.

Les insectes sont nombreux et variés, depuis l'utile ver à soie élevé sur l'ambaravasti (*cytisus cajan*), et l'araignée volumineuse, jusqu'aux papillons géants.

Les naturels emploient comme couleurs :

Le noir, le vert, le jaune, le rouge et le bleu. L'indigo leur fournit la dernière, et diverses plantes également indigènes servent à préparer les autres.

Les plantes alimentaires qu'ils cultivent sont : le riz, dont les variétés sont nombreuses, et qui vient dans les terrains secs ou humides, les patates, diverses espèces d'ignames, la banane, les ambrovades, sorte de pois-arbuste qui amende la terre, diverses faséoles, le manioc et quelques autres racines nutritives.

Les exportations actuelles de Madagascar consistent seulement en riz (en petite quantité, puisque les îles Bourbon et Maurice ont été contraintes, par les Hovas, d'aller s'approvisionner dans l'Inde, ce qui fait encore les affaires de l'Angleterre), en animaux de consommation, peaux de bœuf, salaisons, tortues de terre, volailles, copal, écailles de tortue et ambre gris, nattes et rabanes, et orseille.

Les importations actuelles consistent en toiles bleues et blanches de l'Inde, ou imprimées de fabrique européenne, bijouterie commune et verroterie, mercerie et quincaillerie, marmites en fonte et poterie, sel, savon, rhums, etc., et divers objets de luxe destinés aux Hovas.

Le commerce eut lieu longtemps par voie d'échange, et produisait des bénéfices considérables aux colonies de Bourbon et de Maurice.

Depuis que les Hovas se sont emparés de la côte orientale, ils sont également devenus maîtres du commerce, et forcent les Malgaches à se dessaisir de leurs denrées, qu'ils font revendre fort cher à la côte, en exigeant, soit de l'argent, soit des armes ou des munitions, et l'acquittement d'un droit fixé par eux à 10 pour 100 au minimum.

Mais ce n'est là qu'une bien faible portion de l'immense commerce dont profiterait la France, après quelques années, par la réintégration de ses droits à Madagascar.

APPENDICE.

NOTICE

SUR L'ILE DE SAINTE-MARIE.

Sainte-Marie, voisine, comme on l'a vu précédemment, de Madagascar et sa dépendance naturelle, forme aujourd'hui le seul établissement que la France ait conservé dans les eaux de cette île, où sa domination s'étendait sur la majeure partie de la côte orientale.

Nommée aussi *Nossi-Ibrahim* par les Madécasses, Sainte-Marie est séparée de cette côte par un canal dont la largeur ne s'étend pas à plus d'une lieue un quart dans la partie la plus étroite vis-à-vis de la Pointe-Larrée, et à plus de quatre lieues vis-à-vis de Tintingue.

Un bras de mer la traverse dans sa partie méridionale et la

divise en deux îles ; la plus petite, désignée par le nom de l'*Ilet*, ne dépasse pas deux lieues de circuit.

L'île a onze lieues environ de longueur sur deux ou trois de largeur ; le milieu se trouve par 16° 45' de latitude sud et 48° 15' de longitude est.

Une chaîne de récifs placée en ligne droite du côté de l'est, à une lieue environ de la côte, protége celte partie dans une étendue d'à peu près huit lieues, et rejoint, près le sud de l'Ilet, une autre chaîne qui longe la côte occidentale en s'en rapprochant davantage et en en suivant les circuits. Trois passes praticables pour les grands bâtiments interrompent ces chaînes de récifs.

Le canal de séparation, entre Sainte-Marie et Madagascar, forme une vaste rade continue d'une excellente tenue et d'une défense aussi facile qu'importante dans des conditions données. C'est là ce qui constitue le mérite purement relatif de cette petite île dont la principale baie est le *Port-Louis*.

Deux îlots gisent dans cette baie ; l'un, l'*îlot Madame*, est défendu par quelques fortifications et armé de batteries : il renferme les casernes, les magasins de l'artillerie et les principaux établissements du Gouvernement ; l'autre, l'*île aux Forbans*, est relié par une jetée avec l'île où l'on fait grand cas de sa salubrité. Ce n'est d'ailleurs qu'un petit point aride.

La baie de *Lokensy* offre encore un assez bon mouillage. Comme dans la précédente, on y trouve à faire de l'eau en suffisante quantité.

La côte, à part quelques rares escarpements de *caps basaltiques*, offre presque partout une plage de sable unie où se déploie une belle végétation. Plusieurs chaînes de monticules, les unes basaltiques, les autres formées d'un tuf jaunâtre ou rougeâtre et dont la plus grande élévation ne dépasse pas soixante mètres environ, parcourent l'île dans le sens de sa longueur.

La qualité du *sol* est, en général, mauvaise ; une étroite zone, placée au centre de l'île, fait seule exception ; mais elle appartient en propre aux naturels.

Comme celui de Madagascar, le sol contient beaucoup de fer et fournit d'abondants matériaux de construction, terre à briques, pierres, chaux, etc.

Les *bois*, situés au centre, courent longitudinalement et occupent une grande surface.

Les *sources* sont nombreuses, fournissent de l'eau de bonne qualité et forment des *ruisseaux* qui se jettent à la mer après s'être aussi répandus en *marais*. Leurs embouchures sont également obstruées parfois, et la salubrité du littoral se ressent alors de cet inconvénient, auquel on pourrait néanmoins remédier, comme à la côte orientale de Madagascar.

La chaleur et l'humidité du *climat* se prêtent à toutes les cultures coloniales, si ce n'est peut-être à celle du cotonnier, qui paraît ne pas y prospérer.

La *saison pluvieuse* commence d'ordinaire en mars et finit en août, et la *saison sèche* dure depuis le mois d'août jusque pendant février, sans qu'il cesse, toutefois, de pleuvoir par intervalles, ce qui fait regarder Sainte-Marie comme l'un des points du globe où il pleut le plus abondamment. Pendant la *première*, les vents généraux soufflent du sud-ouest au sud-est, de mars à la fin de juillet, — et quelquefois en février et en mars de l'est et du nord-est, — les brises sont alors très-fortes. Pendant la *seconde*, ils soufflent de l'est, du sud-est, du nord-est et du nord ; — à cette époque, le ciel est presque toujours pur.

Les *productions végétales* sont à peu près les mêmes que celles de Madagascar, sur une petite échelle, et le bétail, jadis fort rare, semble devoir s'y multiplier. Les sommets des monticules, dont les pentes se prêtent à la culture, offrent d'ailleurs de bons pâturages.

Les naturels, qui sont au nombre de quelques milliers d'hommes, tant indigènes que réfugiés de Madagascar, habitent des *cases* en bois proprement tenues, quoique petites et recouvertes en feuilles. Les *villages*, assez nombreux, sont disséminés dans l'intérieur et sur les bords de la mer.

La population européenne est représentée par un petit nombre de colons et par les agents du Gouvernement. La force militaire est constituée par environ cinquante hommes de troupes noires (Yolofs).

Les *dépenses* de l'établissement de Sainte-Marie sont évaluées à 140 000 francs, et les *recettes* à 12 000 francs environ.

On a vu ailleurs les entreprises de Radama sur l'île de Sainte-Marie, les vexations auxquelles furent soumis les habitants et le commerce de la part des Hovas, qui massacrèrent la plus grande partie des Malgaches, réfugiés dans cette île, après 1831, et rentrés depuis à Madagascar sur la foi de traîtreuses promesses.

M. Blevec, commandant de Sainte-Marie, adressa, le 15 août 1823, à Radama une protestation énergique et parfaitement motivée contre ses violations flagrantes à la côte est, et la qualification de roi de Madagascar, qu'il avait prise sous l'inspiration anglaise ; mais elle demeura sans effet.

Nous terminerons cet abrégé par la reproduction de l'*acte de cession*, faite, en date du 30 juillet 1750, à la Compagnie des Indes, par *Béti*, fille de *Ratzimilaho*, souverain de l'île. On verra par ce document, entre autres, que si par un fatal concours de circonstances funestes, les établissements français n'ont pas réussi comme ils le promettaient, ils ont été fondés du moins en prenant, tout d'abord, pour base le droit et l'esprit de justice et de modération. Cette cession se fit légalement comme, un siècle plus tôt, s'était faite légalement l'occupation des divers points de la côte orientale de Madagascar :

« L'an des Français 1750, sous le règne de *Louis le Bien-Aimé, quinzième du nom*, *roi de France et de Navarre*, *Béti*, fille et héritière du royaume et de tous les droits de feu *Tamsimalo* (ou *Ratzimilaho*), son père, en son vivant roi de Foulpointe et des autres pays de la côte de l'est de Madagascar, depuis 18° 30′ de latitude méridionale, en remontant vers le nord, jusqu'à la baie d'Antongil, située par 15° 30′ de latitude aussi méridionale, souverain de tous les pays et îles adjacents,

« A tous les princes de son sang, à tous les grands de son royaume, chefs de village, commandant par lui dans ses États, à tous autres, ses sujets quelconques, aux habitants de l'île Sainte-Marie et à toutes les nations du monde qui ont et peuvent avoir commerce avec la partie de l'île de Madagascar qui forme son royaume,

« Fait savoir et notifie, par ces présentes, que feu *Tamsimalo*, son père, et elle-même, depuis plusieurs années, ayant eu dessein, pour le bien de ses États et de tout son peuple, de faire leur possible pour attirer la nation française dans leur pays, par préférence aux autres cantons de Madagascar, ils ont requis, à diverses reprises, les capitaines des vaisseaux de la Compagnie des Indes de France, qui viennent traiter annuellement chez lui des vivres, et pour bestiaux et esclaves, de demander en son nom et pour lui, *à S. M. Louis quinzième*, *roi de France et de Navarre*, et à la Compagnie, qu'il protége l'établissement d'un comptoir français sur les terres de sa dépendance, en l'île de Madagascar ; qu'ils ont chargé récemment le sieur *Gosse*, officier, qui a fait plusieurs traités pour la Compagnie dans les escales de son royaume, de solliciter messire *Pierre-Félix-Barthélemy David*, écuyer,

gouverneur général pour le roi et la Compagnie des îles de
France et de Bourbon, de consentir qu'il soit procédé à l'établissement pour lequel ils ont conjointement offert, promis et
se sont obligés, et elle s'offre, promet et s'oblige, de céder,
abandonner, livrer et bailler, pour en être mis en pleine
jouissance et possession, à *S. M. Louis quinzième*, et à la
Compagnie française des Indes, le terrain qui lui serait
nécessaire ;

« Le décès de *Tamsimalo*, son père, étant arrivé dans l'in-
tervalle du retour dudit sieur *Gosse*, elle, héritière du royaume
de feu son père et de tous ses droits, a su, à l'arrivée du sieur
Gosse, depuis peu de retour dans une des escales de son
royaume, et chargé des ordres, volontés et pouvoirs de messire *Pierre-Félix-Barthélemy David*, qu'il ne peut s'établir
de comptoir français sur les terres de son royaume qu'au
moyen qu'il soit fait un abandon entier, et sans aucune res-
triction, de l'île de *Sainte-Marie*, de son port et de l'îlot qui
le ferme ;

« En conséquence de quoi, et pour mettre à exécution le
projet à jamais avantageux à son peuple et à son royaume,
de faciliter un établissement chez elle, et d'y maintenir les
Français,

« Elle, *Béti*, reine de Foulpointe, avec toute sa famille,
assistée des grands de son royaume, des chefs et des commandants des villages qui lui appartiennent, s'est embarquée
sur le vaisseau de la Compagnie de France, *le Mars*, pour se
rendre à l'île de *Sainte-Marie*, où, étant en présence des
sieurs *Adam de Villiers*, capitaine dudit vaisseau, et *Gosse*,
officier chargé de traiter de l'acquisition de *Sainte-Marie*, et
d'arborer le pavillon français pour y faire l'établissement
qu'elle demande ; *Damain* et *de Ravenel*, tous deux premiers
enseignes, et *Maingaud*, écrivain dudit vaisseau *le Mars*, et
des soussignés, grands, chefs, commandants des villages de

son royaume, et ses sujets, par elle appelés pour être témoins de la cession et de l'abandon qu'elle fait au sieur *Gosse*, à ce présent, et acceptant pour *S. M. le roi de France*, *Louis quinzième*, et la *Nation française*,

« Elle déclare, veut et entend, qu'à commencer de ce jour l'île *Sainte-Marie*, située par le 16° degré de latitude méridionale, deux à trois lieues à l'est de la côte orientale de *Madagascar*, cesse de faire partie de ses États, qu'elle a hérité de ses pères et qu'elle doit laisser à ses successeurs, mais au contraire, soit et demeure à toujours appartenant, avec son port et l'îlot qui le ferme, à *S. M. Louis XV, roi de France et de Navarre*, pour servir au commerce de la Compagnie des Indes ; cédant, abandonnant, livrant et transportant tous ses droits quelconques sur ladite île et ses dépendances audit *seigneur roi de France et sa Compagnie des Indes*, pour par ledit *seigneur roi de France et sa Compagnie des Indes*, en être pris possession et pleine jouissance de ce moment, et y rester à perpétuité, comme maîtres pleins, puissants et souverains seigneurs d'icelles, sans être tenus de payer à elle, *Béti*, ni à aucun de ses successeurs, aucuns droits et rétributions pour cause de ladite acquisition ; reconnaissant, elle, *Béti*, *S. M. Louis XV* et sa Compagnie des Indes, pour souverains maîtres et seigneurs indépendants de ladite île et de son port, pour en jouir et disposer comme il leur avisera bon être ; promettant, elle, *Béti*, reine, sa *famille*, les *grands* de son royaume, les *chefs* et *commandants* de ses villages, à ce présents et consentant, pour les droits du royaume et particuliers, soutenir, protéger, maintenir, défendre contre tout trouble et empêchement de la part des naturels de l'île de *Madagascar* ou autre nation qui voudrait interrompre ou s'opposer à leur établissement, les sujets de *S. M. le roi de France* et les *employés de la Compagnie des Indes*, en pleine paix et jouissance et entière possession de l'île de *Sainte-Marie* et de ses dépendances ;

« Veut pareillement et entend, ladite reine *Béti*, que la cession et l'abandon qu'elle fait aujourd'hui, de son plein gré et de son mouvement volontaire, pour le bien de ses peuples et de son royaume, soit et demeure stable, à perpétuité, sans que, pour quelque motif que ce puisse être, aucun de ses héritiers, sujets, ou autres nations, pour raison d'aucuns droits ou cessions particulières, puisse prétendre à en débouter la *Nation française*, aujourd'hui en possession de ladite île et de ses dépendances.

« Reconnaissant, par ces présentes, ladite reine *Béti*, qu'elle a reçu du sieur *Gosse*, de la part de *S. M. le roi de France* et de *la Compagnie des Indes*, à titre de compensation, dédommagement, échange, une certaine quantité d'effets à elle propres et convenables, dont elle est contente, ainsi que les *grands* du royaume, à ce présents et acceptant, comme chargés des intérêts de leur reine et de sa couronne,

« Déclare, *Béti*, à tout le royaume de Foulpointe, à ses alliés et aux rois de Madagascar, ses voisins, que les Français sont et demeurent quittes et à perpétuité, envers tous les rois de Foulpointe, ses descendants, et autres, qui pourraient y prétendre, et qu'elle veut et entend qu'ils soient reconnus par tous les peuples de Madagascar pour seuls maîtres et souverains de l'île de Sainte-Marie, son port et l'îlot qui le ferme ;

« Veut que copie du présent acte soit déposée dans son trésor, pour demeurer et passer à ses descendants ; qu'il soit envoyé des courriers dans les principaux établissements de son royaume, pour donner avis à tous ses sujets, même aux peuples voisins et ses alliés, de la prise de possession de ladite île par les Français.

« Et a signé, ladite reine *Béti*, de sa marque et de son cachet, qu'elle a fait reconnaître par les *grands* de son royaume.

« Et ont aussi signé, les sieurs acceptant et témoins de la prise de possession, dans le port de l'île de *Sainte-Marie*, en la partie orientale de l'île de *Madagascar*, le 30 juillet 1750.

« *Gosse*, *Adam de Villiers*, *J. Vizèz*, *Nageon de l'Estang*, *Damain Kerostin*, *de Ravenel*, *Maingaud.* »

En marge est une empreinte en cir rouge suivie de ce signe + et apostillée de ces mots : « Cachet et marque de Béti, reine de Foulpointe, fille du défunt roi, seule héritière de ses biens. »

Et une autre empreinte de même cire, suivie de ce signe + et de ces mots : « Marque de la reine, mère de Béti. »

Suivent les marques (+) de *Bécalanc*, beau-père du roi, chef à Fénérif, et de *Diennesenhar*, petit-fils du roi ;

Quintade, chef de Foulpointe ;

Vomaisse,   id. ;

Ponerif,   id. ;

Ratssora, chef de Fénérif ;

Youlousara, chef de la baie d'Antongil ;

Tempenendrie, chef de Foulpointe ;

Diamanette, chef de Mahambou ;

Natte, chef de Massineranou ;

Fatara, chef à Foulpointe ;

Rafizimoinne, id. ;

Lahaibé ;

Sivouguaorrac, chef à Maenlou ;

Meaboloulou,   id. ;

Rambonne,   id. ;

Ynenguisse ;

Malelaza, chef du Banivoul ;

Ramamamou,   id. ;

Dianperavola, chef à Foulpointe ;
Rafinoine,   id. ;
Rat-Cisagay, chef de la grande île Sainte-Marie ;
Ramansouzanne ;
Bérigny ;
Racaca, chef de Sainte-Marie , résidant sur Coquay (l'îlot
à l'entrée du port) ;
Diamanharé, chef de Laivande, île Sainte-Marie ;
Tanpenendienne, chef de la grande île Sainte-Marie ;
Embousenga,   id. ;
Rambonnevoulou,   id. ;

Ce document, rédigé par la partie européenne contractante,
est assez pompeux par rapport à la partie indigène aussi contractante, et les qualifications conservées à *Béti*, à *Tamsimalo*, etc., ainsi que les droits qui paraissaient leur être ré-
servés , malgré les serments d'allégeance prêtés jadis par la
population indigène de la côte orientale où la France s'était
établie depuis plus d'un siècle , montrent suffisamment com-
bien elle apportait de ménagements dans ses actes d'occupation.

Lorsqu'après soixante-dix ans environ , l'île Sainte-Marie
fut occupée de nouveau par le gouvernement de la Restauration, les indigènes de Madagascar, réunis à la Pointe-Larrée
dans un *kabar* solennel, et sans aucune pression, renouve-
lèrent leur serment d'allégeance à S. M. le roi de France, et
les princes *Tsassé*, *Tsifagnin* et *Tsimarouvolan*, joignant leurs
serments à ceux de leurs tribus, se placèrent volontairement
sous la protection de Sa Majesté très-chrétienne en lui promettant obéissance et fidélité.

Mais nous avons déjà fait ressortir précédemment l'anti-
quité , la durée et l'authenticité des droits de la France. Les
prétentions de Radama , excitées et soutenues par une poli-

tique rivale qui, nous l'espérons, n'a plus raison d'être ou du moins ne serait plus un obstacle, ne sauraient les infirmer.

Les agents français qui reprirent solennellement possession de l'île de Sainte-Marie, le 15 octobre 1818, y retrouvèrent, avec quelques débris de constructions européennes, une pyramide en pierre, de forme quadrangulaire et tronquée, sur laquelle on voyait toujours les armes de France gravées au-dessus de celles de la Compagnie des Indes, et accompagnées du millésime de 1753.

Des pierres de même nature attestaient également les diverses prises de possession à la côte orientale de Madagascar ; mais les Hovas ne les ont pas plus respectées que nos droits..... En sera-t-il toujours ainsi ?

FIN.

TABLE DES MATIÈRES.

FIN DE LA TABLE DES MATIÈRES.

Ch. Lahure, imprimeur du Sénat et de la Cour de Cassation (ancienne maison Crapelet), rue de Vaugirard, 9.

www.ingramcontent.com/pod-product-compliance
Lightning Source LLC
Chambersburg PA
CBHW070401090426
42733CB00009B/1489